人生が自然と輝きはじめる

「ネガティブ」の手放し方

心のモヤモヤを動かせば、
クリアな自分が立ち上がる

心理カウンセラー
エネルギーワーカー
RYU

河出書房新社

たった一人でモヤモヤとした気持ちを抱えてきたあなたへ。
この本にたどり着いてくれて、ありがとうございます。

ここまであなたはたくさんの孤独や苦しみ、痛みのなかで
生きてきたと思います。
誰もわかってくれない、といった居場所のない感覚に、
一人、枕をぬらした夜もあるでしょう。
愛想笑いをすることも、元気なフリをすることも、疲れてしまいましたよね。
ここから、心が少しでもラクになれるように、
解決の糸口を一緒に探っていきましょう。

まずは、緊張して固くなってしまった心をゆるませ、

あなたの内側に静かに響く、その声なき声に耳を傾けてください。

苦しいよ。
不安だよ。
さみしいよ。
生きているのが疲れちゃったよ。
こんな自分が嫌い。

今まであなたは、いっぱい我慢をしてきました。
何よりも他の人たちを優先して、調和を望んで生きてきたことでしょう。
苦しさも悲しみも、呑《の》み込んできたことでしょう。
その苦しさを、ここから一緒にゆっくりと解放していきましょう。

はじめに

私は心理カウンセラーとして、心の解放をサポートする仕事をしています。
また、「感情」について少し変わった側面からアプローチをするエネルギーワーカーとしても活動しています。

エネルギーワーカーとは、私たちの心身のバランスを、エネルギーの側面から調整する仕事。感情は目に見えないもの、心は目に見えないもの、まさにエネルギーそのもので、私は主に「感情というエネルギー」にフォーカスをして、心のバランスを調整していきます。

どこにいっても心の苦しさを解放できず、絶望の中にいる人たちの人生を救うかけこみ寺的な存在として、これまでたくさんの人たちの心の解放に立ち会ってきましたが、ネガティブ感情の取り扱い方を身につけることで、感情に翻弄《ほんろう》されていた状態から抜けるとともに、周りに振り回されず、自分という軸を持って生

きていけるようになります。

この本では、私自身の経験を通して得た「ネガティブ感情の取り扱い方」を具体的にお伝えし、心を解放して、「わたし」にとっての本当の幸せに向かっていける方法をお届けします。

パニック症から、心の深くに広がる世界へ

もともと私は最初からこうした仕事に就いていたのではなく、少し変わった経歴とプロセスを歩んでこの道にたどり着きました。

社会人としての第一歩は、テレビ局の報道カメラマンとしてスタート。事件事故、さまざまな人たちの人間模様を目の当たりにしてきました。

その後、ドキュメンタリー映像作家として活動し、より人間観察を深めてきました。

しかし、そんな中、突然パニック症を発症し、すべての仕事を辞めざるをえな

い状況になり、今までの生き方から押し出される形で、自分自身の心と向き合うことになったのです。

そこから、心との対話、さらには、心の深くに広がる世界へとつながり、教科書を広げて学ぶといったスタイルではなく、すべて体感を通した気づきを活かして、心理カウンセラー、エネルギーワーカーの仕事をするようになりました。

唯一生きている心地がした、感情を吐き出す時間

私はパニック症をきっかけに、その後、感情の噴出期《ふんしゅつき》なるものを通過し、どこからともなくあふれる感情に、途方もない苦しさを感じていました。

しかしその当時、唯一生きている心地がしたのが、感情を吐き出す時間だったのです。

吐き出しそのものはとてもつらいものですが、それよりも、あふれる感情を止めておくほうがつらかったのです。

今までフタをし、なかったことにしていた感情。それがあふれ出るのを止めることができなくなりました。

しかしそのおかげで、社会の第一線で活躍してきた時代は「外側の世界」に向けていた意識の矢印が、一気に「内なる声」に耳を傾けていく流れに変わっていったのです。

そうして、感情に触れながら感じました。そういえば、幼い頃、もともと繊細《せんさい》さでいっぱいだったな、と。

学校に行っても、友だちと遊んでも、街中に行っても、気持ち悪くなってしまい、帰ってきては吐いていて、家族や周りからは病弱な子だと思われていました。

その当時の口癖《くちぐせ》は「もうイヤ、もうイヤ」で、兄から「そんなに『もうもう』言ってたら、牛になっちゃうぞ」と茶化されていたのを覚えています。

今思うと、自分と他者とのエネルギーの違いに敏感に反応していたのだと感じます。

しかし、いつの日からか、私は繊細さを無意識にまぎらわせ、この世をなんとか生きてきたのです。

繊細に敏感に感じながら綱渡《つなわた》りのように生きてきた自分を守るため、外側の世界に合わせて自分の声にフタをして過ごしてきましたが、心の不調から、もうこのやり方は限界なのだと、「生き方を変える」方向へと導かれていったのです。

生き方を変える、というのは、意識を向ける先を「外の世界」から「内の世界」へ変えていくことであり、わたしの「内なる声」を大切にする生き方へシフトするということ。

そうでないと、心の苦しさは終わらない、私自身が救われない、と思った上での決断でした。

こうしたプロセスを経て生まれたメソッドが、この本で紹介する「感情吐き出しの法則」による感情解放メソッドです。

ネガティブな感情にリスペクトを

私の経験と、多くのクライアントさんたちとのセッションにより、私は確信をしました。

それは、ネガティブ感情を抑え込み、ないものとしてコントロールするのではなく、ネガティブ感情にリスペクトを持ち、「受け入れ」「解放」することが、ネガティブ感情を手放して、心をラクにしていくための一番の近道であるということを。

私は感情の手放しに「浄化」という言葉ではなく、「解放」という言葉を使います。「浄化」は汚れたものをキレイにする意味がありますが、感情は私たちの一部でもあるので、汚れたものとは思っていないからです。

ゆえに、リスペクトを持ってかかわっています。

ポジティブであることが大事だ、と言われる現代において、ネガティブ感情に敬意を払い、大切に取り扱っていくというやり方は、おそらくあまり見たことのないアプローチ法かもしれません。

しかし、今までのポジティブ思考になるというやり方でうまくいかなかった人にとって、何かしら役立つ本になればと思っています。

人生を変えていく力があるネガティブ感情

「感情解放メソッド」の一番のポイントは、「自分で解放をする」ことです。

私たちは心がモヤモヤすると、つい他人に「人生の行き先」や、今の苦しさを抜け出す「答え」を教えてほしくなりますが、フタをしてきたネガティブ感情は、他人から言葉をかけてもらうよりも、自分自身からの「まなざし」「寄り添い」に癒され、ほぐされていき、その結果、「解放」につながっていくからです。

この本では、自分で感情を解放できるように、その方法を詳しく説明しているので、ぜひ実践してみてください。

自分から自分への寄り添いによって解放されたネガティブ感情は、まるでヒーローのようにあなたの味方へと変わります。

このあと詳しくお伝えしますが、ネガティブ感情は、「わたし」の人生の役に立ちたがっている存在です。

ネガティブ感情には、人生を変えていく力があります。

感情解放メソッドでは、わたしを困らせていたモヤモヤやネガティブ感情が、わたしの強力な味方になる、という真のネガティブ感情の姿に出会っていくことができます。

感情を「わたし」の味方につける

ここからの時代、すべてはエネルギーであることがもっと明確になっていくでしょう。

私たちは目に見える世界を生きていますが、目に見えない世界も同時に生きていることが明らかになっていく時代になると思います。

そういった意味でも、一番身近な目に見えない存在である「感情」のしくみや特徴を知って、私たちの人生に活かしていくことができたら、より私たちの可能性は拡大していくでしょう。


また、本書では心理カウンセラーとしての「わたし」を超えた、私的な体験、心の世界をたどる中で見えてきた、魂という広大なる領域、そこでのちょっと不思議な話も織り交ぜながら、お伝えしています。

「目に見える世界」「目に見えない世界」、その両方をいったりきたりしながら、人間に流れるエネルギーのしくみや、時代の流れにおける私たちの立ち位置、自分でネガティブ感情を解放していく方法、そして、「本当のわたし」を生きるためのヒントなど、今という時代の変革期を乗り越えていくポイントをお話しします。

本書とともに、あなたの今ある苦しみを解放し、あなたの心の深くへと、旅していきましょう。

まずは、深呼吸を3回して、心と体をリラックスさせてから、読み始めてみてください。

この本が、この時代を乗り越えるための、あなたの「ともだち」になることができますように。

Contents

第2章 心のモヤモヤを動かす「感情吐き出しの法則」

第3章 実践編 基礎 日々のモヤモヤの手放し方

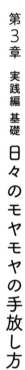

第4章 実践編 応用 心の深い傷の解放で、超本音の「わたし」とつながる

第5章　「わたし」を生きる

第 1 章

ネガティブな感情が湧き出るのはなぜ？

心がモヤモヤしている状態って？

心がモヤモヤとした状態は、目に見えないのでわかりづらいですよね。

本書では、原因ははっきりしないけれども、心の中にある何か不快な感覚を「モヤモヤ」と呼ぶことにします。

ネガティブな感情に覆《おお》われて、まるでモヤがかかったかのようになっている状態です。

不安感がある、焦《あせ》りがある、なんとなくさみしい、なんとなく楽しくない、後ろ向きになってしまう……そんな感覚がずっと続くような感じです。

常に考え事をしてしまうのは、モヤモヤが溜まっている状態かもしれません。

けれど、**私たちは、自分の「状態」に気づきにくい**ものです。モヤモヤした状態にも、案外自分では気づけないかもしれません。

モヤモヤがあっても「こんなものなのかなぁ」と、いつの間にかその状態に慣れてしまいます。

モヤモヤは自覚することがなかなか難しく、また、目に見えないものなので、気になっても「気のせいかな」「なかったことにしよう」と、ついその場をしのいでしまいがち。

そうした繰り返しで、知らず知らずのうちに、モヤモヤは私たちの中に蓄積されていってしまうのです。

世の中のポジティブ思考が、モヤモヤを溜めこむ原因に!?

なぜ私たちはモヤモヤを溜めこむことになったのでしょうか?

その原因はさまざまですが、現代において私たちが直面している主な原因のひとつに、**ポジティブ思考の肥大化があります。**

明るくないといけない、前向きでないといけない、愚痴《ぐち》を言ってはいけない、悩みを抱えていることがダメ……。

そうした社会的な風潮から、悩みを吐露《とろ》することが難しくなり、「悩んでしまう自分、不安を抱えている自分はダメ」と思っている人もいるのではないでしょうか。

そして、そんな自分を変えたい、とポジティブになろうとするけれども、やっぱりモヤモヤが出てきてしまう、そんな変われない自分に落ち込んでしまう、という負のループに陥ってしまうパターンも多いでしょう。

また、今の世の中は、アドバイスをしたり指摘したりすることが正義とされています。「普通はこうだよ」「こうしないとダメだよ」「それは違うよ」など。

指摘することがやさしさだと思って伝えるのですが、指摘を受けた側の人は、自分のほうが間違っている、自分がおかしいのではないか、と萎縮《いしゅく》してしまうのです。そうして、自らの意見を伝えることに怖さを感じて、自分を表現することができずにモヤモヤが溜まってしまいます。

感情は、本来軽い存在です

物心がつく頃から私たちは、「泣いてはダメ」「怒ってはダメ」と、ネガティブな感情は「悪いもの」と教えられてきました。

それは自然と私たちに刷り込まれ、感情へのジャッジを生み出します。

すると、ネガティブな感情が浮上するたびに、自分への罪悪感《ざいあくかん》や嫌悪感《けんおかん》が出てきて、親に心配をかけたくない、がっかりさせたくないと、無意識にネガティブな感情にフタをしていってしまうのです。


けれど、本来の「感情」というものは、良いも悪いもなくただあふれるもの。

赤ちゃんは不快な時に泣いたり、怒ったりしますが、泣いたと思ったらすぐに笑いますよね。それは、感情にジャッジがなく、素直な反応をしているだけだからです。ネガティブな感情も、それくらい軽い存在なのです。

しかしながら、ネガティブ感情に対するイメージが良くない私たちは、ネガティブを人生からなくそうと感情を抑え込んできました。

その結果、無意識においてモヤモヤを溜めこんでいったのです。

SNSの広がりでモヤモヤが増えた⁉

現代、ことさらモヤモヤを溜めこむことになった原因として、情報社会、特にSNSの影響は大きいでしょう。

ひと昔前までは、知り合いがどんな生活をしているのかまで、詳しくは知りませんでした。けれど今は、SNSを開けば知り合いのプライベートの様子を垣間《かいま》見られる世の中です。

そこで目にするのは、みんなの楽しそうな姿、ワクワクした投稿。

そうした投稿を見るたびに、「みんな幸せそうでいいな」「どうして私はこうなんだろう」と他人を羨《うらや》んだり、妬《ねた》んだりしてしまう自分がイヤ、というクライアントさんに数多くお会いしました。悩みがある自分を情けなく感じて、自己肯定感が下がってしまうのです。

けれど実際は、ほとんどのSNS投稿がネガティブな感情を隠してポジティブだけを見せている状況。時々「あんなに楽しそうにしていた人が、自ら命を絶つなんて……」といったショッキングなニュースが流れますが、それも内面の苦しさが隠されているからなのかもしれません。

そうしたことは、じつは、今この世の中の至る所で起きている出来事。SNSでは楽しそうにしていても、本当は多くの人が悩みを抱え、ドロドロとした感情を持っています。

また、SNSにおける「いいね数」「登録者数」「不愉快な広告」「釣り」といったものでも、不快な感覚になりますよね。

不快を感じる時は、「見ない選択」をしてみましょう。

今夜寝る前、ほんの少し意識的になって、いつも習慣で見ていたSNSをあえて見ないで過ごしてみるのもいいかもしれませんね。

感情は人生を導いてくれる存在

ポジティブな感情が人生を進めてくれる、と私自身ずっと思っていました。けれど、ポジティブに偏《かたよ》ろうとすればするほど、モヤモヤが出てきました。ちまたにある自己啓発本のほとんどが、「前向きに」「明るく」「立ち止まるな」的なメッセージを伝えてきます。

気分が乗っている時は、「そうしよう！」とワクワクする感覚をたどっていけるのですが、気分が上がらない日、調子の悪い日がくると、それはすぐにストップして、モヤモヤが立ち上がってきてしまいます。

そんな繰り返しの中、思い切って、ワクワクではなくモヤモヤに注目して、まずは「やりたくない」ことをやめていこうと、モヤモヤの声に沿っていきました。

すると、人生がぐんぐんと進んでいったのです。
昔から「なぜ感情は二極なんだろう。こんなにポジティブがいいと言われる世界だったら、ポジティブしかいらないのに」と思っていたのですが、モヤモヤとした声、ネガティブな感情も、人生を導いてくれる存在だと知りほっとしました。

ネガティブ感情は私たちの人生で厄介者《やっかいもの》と思われがちですが、感情を深掘りしていくと、それはただ単に「こっちには行きたくない」「こっちはイヤ」という具合に、ＮＯという表現でやりたくないことを伝えてくれて、人生を導こうとしてくれているのです。

心の迷子状態になっている私たち

私たちは思っている以上に、変化が大きく、刺激や緊張の強い「生きづらい時代」に生きていて、「どこに向かって生きたらいいのかわからない」と感じている人たちが今増えてきています。

自分からあふれる感情を時に麻痺《まひ》させ、周りの世界に合わせてきたことによって、自分が何をしたいのかわからない、好きなことがなんなのかわからない、というように、自分自身の感覚がわからなくなっているように思われます。

思ったよりも多くの人たちが、根源的な不安定さの上に生きているのかもしれません。

ハートの感覚を閉ざして生きてきた自分をついつい責めそうになりますが、私たちはそうやって自分を守って、なんとかこの時代を乗り越えてきました。

そしてここからまた、新しい領域を生きようとしています。

これからは、感情を復活させることで、わたしの心地良さ、心地悪さを知り、心の迷子状態から抜けて、より「わたしらしい」生き方にシフトしていけます。

感情は、あなたと仲良くなりたがっている

感情は私たちの人生を導いてくれる存在とお伝えしましたが、感情はまるで「生き物」のような存在です。

感情は、感情体というエネルギーでできていて、まさに生命体そのもの。セッションにおいてクライアントさんがずっとフタをしていた感情を解放すると、感情は喜んで安心したり、時には「どうせまたすぐにわたしのこと、忘れちゃうんでしょ」と拗《す》ねてしまったりなど、子どものような姿を見せ始めます（拗ねている時は、対話を重ねることで信頼に変わっていきます）。

そんな愛くるしい感情と仲良くなるためには、感情を擬人化させて、愛称をつけることをおすすめします。

ちなみに私は、ネガティブ感情に親しみを込めて「モヤモヤくん」と呼んでいます。不思議なことに、モヤモヤくんと呼びかけると、モヤモヤくんとの距離感が縮まり、愛おしささえ感じられるようになります。

エネルギーの流れが良くなると、心身の調子も良くなる

私たちは目に見える体と目に見えないエネルギーの体（エネルギーボディ）で成り立っています。

感情は、エネルギーボディで躍動《やくどう》している存在です。

エネルギーボディの健康な状態というのは、ポジティブ感情もネガティブ感情も川の流れのようによどみなく循環していることです。

しかし、昨今、私たちはネガティブな感情に対しての循環がうまくいかず、エネルギーボディにネガティブ感情のエネルギーが溜まってしまっています。

そのため、本来エネルギーボディを豊かに流れている生命エネルギーの循環の

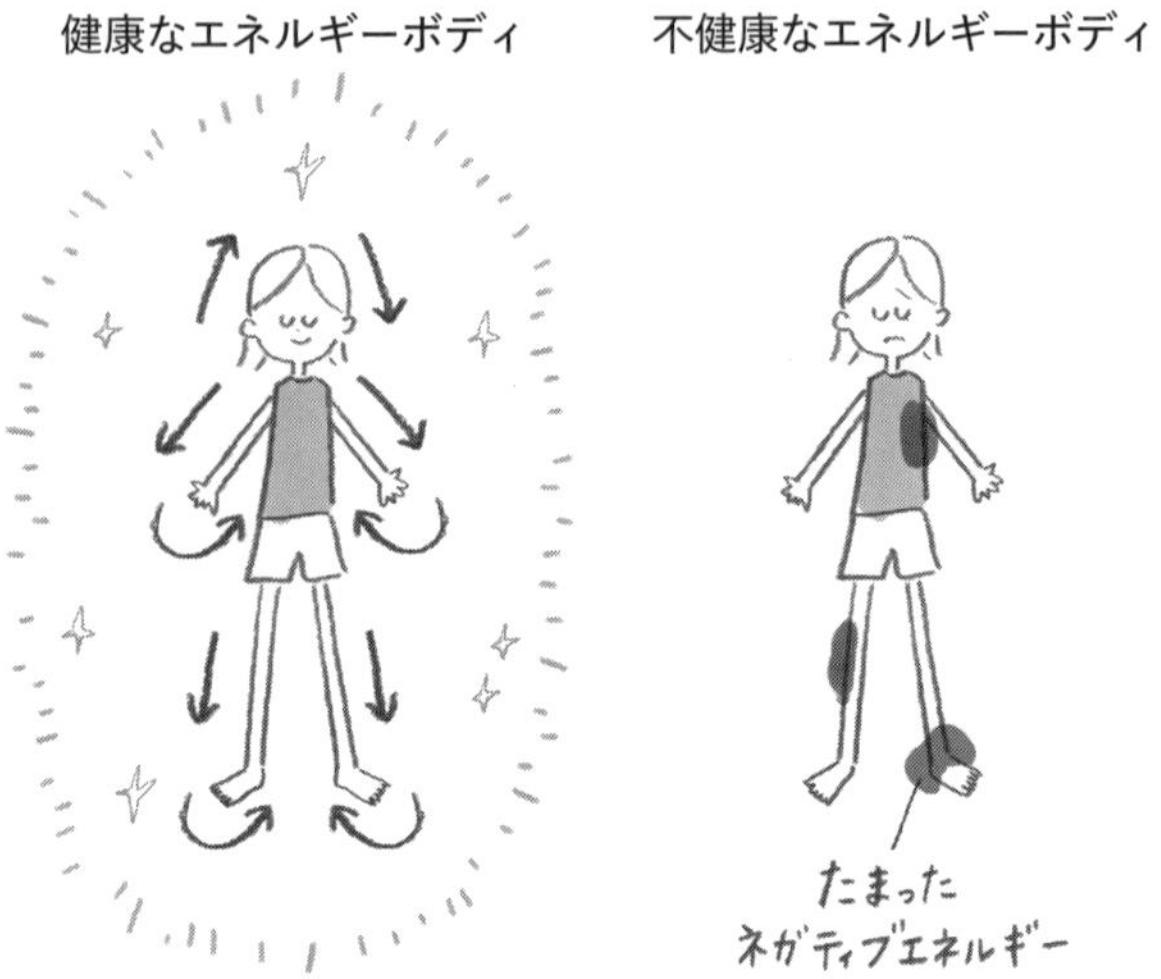

さまたげになっています。

よく健康な人は血流が良いと言われますが、まさにエネルギーの流れ、エネルギー流も同じことで、よどみなく流れることがベストです。

エネルギー流のとどこおりは、心の不調や肉体そのものへの不具合、病気などにもつながり、モヤモヤの感覚が常にあるスッキリしない状態をつくってしまいます。

感情エネルギーは、体や心の健康と密接にかかわり合い、私たちの心身にも影響をもたらしています。

「ワクワク体質」と「モヤモヤ体質」

人間にはワクワクが湧きやすい「ワクワク体質」と、モヤモヤが湧きやすい「モヤモヤ体質」があります。

それは、まるで生き物が違うぐらいの異なる気質です。

ワクワク体質とは、あまりモヤモヤとした気持ちが停滞《ていたい》せず、注意や指摘をされてもそれほど気にならず、笑って跳《は》ねのけることのできる性質。無理にそうしているのではなくて、自然とそうなります。前向きな発想のもと、ワクワクとした感覚を土台に、人生をダイナミックに動かすことができます。

一方、モヤモヤ体質は、事あるごとにモヤモヤしてしまいます。指摘や注意に敏感で、極端に自分を責めてしまいがち。罪悪感や後悔を抱きやすく、モヤモヤが停滞しやすくなってしまいます。

モヤモヤ体質の人は、「どうして人を気にしてしまうんだろう」「なぜ、明るく前向きにワクワクして生きることができないんだろう」と自分のことがイヤになってしまうかもしれません。

その気持ち、よくわかります。かくいう私も、ここまでの人生で「どうしてワクワクが続かないのか」と、何度も自己嫌悪に陥《おちい》っていました。

しかし、無理をして突き進めば進むほど、あふれてくるモヤモヤ。そんな負のループに疲れ、思い切ってモヤモヤする自分を受け入れ、モヤモヤ体質を活かす生き方を探求していったのです。

受け入れてしまうと、意外と安心して落ち着きを取り戻しました。「そうか、モヤモヤしてしまう気質なんだな」と、割り切れるようになってきたのです。

モヤモヤ体質は、モヤモヤの対処の仕方を知ることで、モヤモヤ体質なりのワ

クワクを生きることができます。

また、ワクワク体質ではあっても、時々落ち込んでモヤモヤ体質が出てくる人もいると思います。

気質というものはファジーな領域にあるものなので、ワクワク体質の方もモヤモヤの対処法を知ることで、ネガティブな感情を解放することができます。

モヤモヤ体質は、モヤモヤ体質なりの願いの叶え方がある！

モヤモヤ体質は、ワクワク体質に憧《あこが》れてしまいますよね。ただ、自分の気質を知ると、少し心がほっとするかもしれません。

自分が小動物系のうさぎだったとします。うさぎはいつも明るく輝いているライオンが羨《うらや》ましくてたまりません。しかし、うさぎはうさぎ。ライオンにはなれません。

いや、なれないのではなく、本当はなりたくないのかもしれません。「わたしは、わたしがいい」と、どこかで思っている自分がいます。
と、ここまでくると、うさぎの心は少しラクになるかもしれませんね。ライオンのようなワクワク体質の良さもあれば、うさぎのような小動物系、モヤモヤ体質の良さもあります。

うさぎが、ライオンの伝える自己啓発の本を読んでワクワクから人生を創造しようとしても、長続きせず、幸せの実感が得にくいかもしれませんが、うさぎがうさぎ用の自己啓発の本を読んだら、自信が湧いてくるかもしれません（本書がそういった本になれると嬉しいです）。

ワクワク体質の人にはワクワク体質なりの現実創造のやり方があり、モヤモヤ体質の人にはモヤモヤ体質なりの現実創造のやり方があります。

第3、4章でその方法をお伝えしますので、実践してみてくださいね。

思慮深く、人生を深く渡るモヤモヤ体質

モヤモヤしやすい人はともすると、自分が弱い存在に感じてしまうかもしれません。しかし実際は、**モヤモヤ体質は次なる時代を創造していく、愛に敏感で感受性豊かな人たちが多い**のです。

モヤモヤ体質の人はエネルギーに繊細で、共感能力が備わっています。愛に敏感なので、愛が感じられない雰囲気やしぐさに反応が出てしまうのです。

また、自分のモヤモヤを出すことをためらってしまうほど人に気を遣い、調和を重んじるタイプ。いいも悪いもエネルギーに敏感なため、人間社会では、器用にふるまうことが難しい場面もあり、生きづらさを感じている人も多いでしょう。

このように、現代社会では居場所のない苦しさや孤独感を持ちやすいモヤモヤ

体質ですが、そうした気質をもって生まれてきたことにも深い意味があります。社会や周りの人たちに、「合わせられない」のではなく「合わせない」と深いところで決めてきている不動の精神があります。モヤモヤ体質の繊細さは、私たちの根源である、調和に満ちた魂感覚にとても近いのです。

私たちは無意識でいると、現代における競争社会、評価社会に疑問を持たずに生きてしまいますが、そうした社会に違和感を抱いてモヤモヤが湧いてくることもあるでしょう。

それは弱さではなく、この時代に対する違和感という健全な反応です。

「器用に生きられない自分はダメだ」と感じている人も、モヤモヤ体質を受け入れると、自分は表面的なものだけでなく、その深くにある「本質」を感じ取れる気質であることに気づき、自分という芯《しん》がしっかり立ってきます。

自分の質を理解し、モヤモヤの扱い方を知っていくことによって、より生きやすくなります。

モヤモヤと向き合うと、ワクワクは立ち上がる

モヤモヤ体質の人のワクワクの感覚、それは、モヤモヤを受け入れて解放し、スッキリしたなかで初めて自分なりのワクワクがあふれてくる感覚です。

たとえば、やりたいことが何かを知りたい時、今あるモヤモヤを解放します（解放の方法は118ページへ）。

そうしてクリアな感覚になると、「これをやってみたいかも」「ここに行ってみたいかも」といったワクワクが自然と湧き出てくるのです。

面白いもので、モヤモヤをしっかり見てあげると、本来のワクワクが立ち上がるしくみになっています。

実際、「好奇心が湧かず夢中になれるものがない」と悩んでいる方のモヤモヤ

を解放すると、「やってみたいことがあふれてきました！」と報告をくださる方は多いのです。

モヤモヤとしたネガティブ感情の表層部は荒《あら》い感情なので、モヤモヤを解放していくと一時的に不快な感覚になりますが、**モヤモヤを吐き出し切ると、静かでクリアな領域が顔を出し、生命エネルギーが流れ始めます。**そこでようやく、ワクワクとした感覚が自然とあふれてくるのです。

モヤモヤ解放の先にある「本当のわたしのワクワク」を生きていくことができます。

「不自然なワクワク」が蔓延する今の時代

自然と湧き上がるワクワクとは別に、不自然なワクワクもあります。

不自然なワクワクとは、思考で感情をコントロールしたワクワクのこと。どんな時も笑わなければいけない、前向きにならなければいけない、ワクワクしないいとダメ、というように、頑張ってワクワクする自分になっている状態です。

けれど、感情とは「自然に湧き上がる」ものですから、思考でコントロールしたワクワクの感情は「不自然な」明るさです。腹の底で思っていることとは違う、裏表のある不自然な明るさが、今の時代にはあふれています。

私は以前、テレビ局の報道カメラマンをしていましたが、「まさか、あの人が」といった極端な闇《やみ》の世界に、何度も遭遇《そうぐう》してきました。

SNSやテレビ番組などでは楽しさが台頭《たいとう》している世の中に見えますが、実際は、さまざまな悲惨《ひさん》な出来事が起きています。

明るく楽しくも大事ですが、人間の影の部分から目をそらさないこと、それはとても大切なこと。悲しいことには「悲しい」と思える感覚は、大切です。

そして今、敏感な人たちは、その裏表のある世界に違和感を持ち、「本質とは何か」「自然な生き方とは何か」を見つけ始めようとしているように感じます。

モヤモヤ体質がこの世を生きていくコツ

ポジティブ思考への偏りのなか、人間関係においても、社会的に良しとされる概念《がいねん》があります。
たとえば、友だちはいっぱいいたほうがいい、社会性はあったほうがいい、誰とでも仲良くできたほうがいいなど。世の中的にはそうかもしれませんが、私は一人ひとりのモヤモヤに沿っていくことをおすすめします。

友だちは多いほうがいい、というのは本当でしょうか?
心を許せる人が一人でもいたら、いいのではないでしょうか?
また、友だちはいなくても、一人でも楽しい時間は過ごせます。むしろ、一人のほうがリラックスできる人もいるのではないでしょうか？　巣ごもりしてリラックスしたって、いいですよね。

世間で良しとされることができないと、「不器用なわたし」と思ってしまいがちですが、モヤモヤとした感覚は、「できない」のではなく「したくない」といった確固《かっこ》たる気持ちでメッセージを伝えてくれています。

しかし、生きていく上でモヤモヤの声すべてを反映させていくことは、まだまだ難しい世の中ですよね。

会いたくない人とどうしても会わなければならない場合は、理由をつけてなるべく短い時間で切り上げたり、帰ってきたら自分にご褒美をあげたり、家で「イヤだったね」「よく頑張って行ってきたね」など自分に声がけをしたりして、頑張った自分をねぎらいましょう。時には逃げても大丈夫。

繊細さと手をつなぎながら、自分に寄り添いながらなんとかやっていく、そんなスタイルでいいと思います。

世の中の風潮として、競争や比較は当たり前で、器用な人は価値があり、不器用な人は価値がないとされるような厳しい側面もありますが、やさしい人がやさしいままに、その存在の尊《とうと》さを生きられる世界になったらいいですね。

LET'S TRY 自分に寄り添うワーク

ネガティブな感情が湧いてきたら、次のような言葉がけをして自分に寄り添ってみましょう。ネガティブ感情を受け入れる練習、極端な自己否定から抜ける練習にもなります。

何もする気が起きない→そりゃそうだよね、疲れたよね、そんな時は休もう
勇気が出ない→怖いよね、逃げてもいいんだよ
焦《あせ》っちゃう→焦っちゃうよね、ゆっくり深呼吸しようね

仲間外れになったらどうしよう→そうなったらそうなったで大丈夫。わたしにはわたしがいる

失敗したらどうしよう→失敗してもいいんだよ、リラックスしていこう

嫉妬《しっと》しちゃう→ついつい嫉妬しちゃうよね。そんな自分もオッケー

自分のことが好きになれない→好きになれなくて大丈夫だよ

このように、まずは「わたし」の不安な気持ちを受け入れてあげましょう。心がほっとして、自然と自分を肯定できるようになります。

「わがまま」と「自分を生きる」の違い

モヤモヤ体質の人は調和を求めるあまり、ついつい「自分の思っていることを言ったら、わがままにならないだろうか」と思ってしまいます。

これまで周りの人に合わせて生きてきたので、本音を生きようとすると罪悪感が出てしまうのです。

かくいう私もそうです。そんな中、私が実践しているのは、**調和的でありながら自分を生きるという在り方。**家族や友人関係で摩擦《まさつ》を起こさずに、なるべく調和的に自分を生きたいですよね。

ワクワク体質の人は、「そんなこと気にしないで、どんどん自己実現をしていこう」と思うかもしれませんが、モヤモヤ体質の人は、なるべく「波風を立てたくない」という気持ちを大切にしたいのです。

それでも自分を生きるにはどうしたらいいのか、それは段階を踏むのです。

いきなり「今日から私のやりたかったことをする！」と結論を先に伝えるのではなく、そうした気持ちに至ったプロセスを打ち明けてみます。

「じつは、前々からモヤモヤしていて……。思い切って自分を生きようと思う」

このように、生き方を変えようと思った心の移り変わりを、誠実に伝えることによって、相手の状況は変わります。

たとえば、主婦の人で、今まで料理や家事をしなければならない、とお母さん業を頑張ってきたけれど、なんとなく疲れが溜まってイヤになってしまったなら、こんなふうに家族に伝えてみるのもいいでしょう。

「最近疲れちゃって、どうしたらいいのか考えていたんだけど、これからは自分の気持ちを大切にして生きたいな、って思ったの。提案なんだけど、疲れている時はご飯作りをお休みしようと思う。その場合はお惣菜《そうざい》を買ってきたり、外食したり、誰か作ってくれたりしたら、嬉しいな」

なるべく素直に、そのままの気持ちを伝えてみます。

何も言わず「今日から料理しません！」となると、摩擦が起きやすくなりますが、こうしたプロセスや心の移り変わりをそのまま伝えることで、家族との関係性はだいぶスムーズに動いていくでしょう。

本来なら、「自分を生きる」ためには、相手に気を遣うことなく堂々としていればいいのですが、モヤモヤ体質の人は何より調和を望みます。

ですので、こうした柔《やわ》らかなやり方で「自分を生きる」ことを、少しずつ叶えていく方法でもいいですよね。

「生き方」は一発ポンでは変わらない

今の世の中、時代の変容《へんよう》とともに、「生き方を変えたい」と思っている人は割と多くいるのではないでしょうか。

ネットや書籍でも、「〇〇をすると悩みが消える」「〇〇の方法で理想の自分になれる」というように、何かをしたら変われる、といった謳《うた》い文句が並びます。

そうした情報を試してみるけれども、なかなか変われない自分に落ちこんでしまう人もいるでしょう。

そして、再び新しい情報を試してみるけれど、やっぱり変われない自分に落ちこむ、周りの人たちが上手くいっているように見えたり楽しそうにしているとなおさら落ちこむ、というふうに負のループに陥っているケースも見られます。

しかし実際は、一人の人間の生き方が変わるのは、そう簡単なことではありません。たとえるならば、**左利きの人が右利きに変わるぐらい難しい**のです。

習慣化していた日常を変えるという決意や心に沿った選択によって、「わたしの理想の生き方」へと成長していくのであって、一発ポンで変わらないのが、人間の変容、生き方の変容です。

「なんとなく変わったかも」で正解！

生命の成長というものは、朝目覚めてパッと変わるといったものではなく、いったりきたりを繰り返しながら、ふと振り返った時に、「なんとなく」変わっていた、という感じです。

私はセッションをしたクライアントさんに、「以前と比べて何か変わった感じはありますか？」と質問をすると、「そういえば、なんとなく違う捉《とら》え方ができるようになっているかも」「なんとなく幸せを感じる瞬間が増えている気がします」

といった答えが返ってきます。**「そういえば」「なんとなく」といった変化が、自然な成長の証**です。

私から見ると、セッションを始める前と後では、クライアントさんの世界観は確実に変化しているのを感じます。

ついついスイッチひとつで変われたら、と思いますが、そう簡単ではないと知っておくと、世にあふれる謳い文句にも振り回されることなく、「どうして私は変われないのだろうか」「これをやったら人生が好転するって言われたのに」と、変われない自分にモヤモヤすることも少なくなると思います。

世間にあふれる情報に対して、いい意味で冷静に距離を持って見つめてみるのもいいでしょう。

その中で、気持ちがワクワクするものを選んで楽しんでいきましょう。

不安定は安定

私たちは安定を望みますが、人生において、不安定はつきものです。

安定している時は調子も良いのですが、不安定になると一気に調子が悪くなり、考え方も後ろ向きになって落ちこんでしまうこともあるでしょう。

しかし、**生命というものは「ゆらぎ」を生きています。**

それをバイオリズムと捉えます。バイオリズムは、自然界や生命にとっての自然なサイクルです。

月の満ち欠け、昼と夜、天候の変動、季節の移り変わり、また、女性の生理周期など、すべての自然や生命は、大きなバイオリズムの中にあるのです。

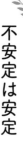

心が安定している時期と心が不安定な時期と、それぞれが人生のサイクルにあるのは、とても自然なことです。

人生はいいことが続く時期もあれば、悪いことが続いてしまう時期もあります。バイオリズムを感じて、疲れた時には休んでみる。元気があふれる時には、その流れに沿って楽しむ、というふうに、そのつどバイオリズムの波に乗っていくことで、自然と「わたし」の拡大に向かっていけます。

いったりきたりで大丈夫。落ちこむ日もあれば、気分が上がる日もあっていいのです。

ゆらぎを受け入れて委《ゆだ》ねる生き方とは、ネガティブもポジティブも受け入れて生きること。これが本当のポジティブです。

ゆらぎがあるからこそ、生命や自然は神秘的かつ、美しいのかもしれませんね。

LET'S TRY

宇宙のお母さんに包まれるお布団ワーク

イメージワークです。モヤモヤや不安定な気持ちを感じたら、寝る前にやってみましょう。

お布団は、あなたを無償《むしょう》の愛で包みこみ、全肯定してくれる宇宙のお母さん。そんなお布団をすっぽりとかぶり、宇宙のお母さんにやさしく包まれているイメージをしてください。安心に包まれた中、モヤモヤした気持ちを、なんでも宇宙のお母さんに伝えてみましょう。

「さみしいよ」「苦しいよ」「悲しいよ」

何を言っても大丈夫です。次に、宇宙のお母さんがあなたを優しく包みながら言葉をかけてくれているところを、イメージしましょう。

「さみしいね」「苦しいね」「悲しいね」「頑張ってるね」「一緒にいるからね」「大丈夫だからね」

体も心も安心に包まれたまま眠りましょう（寝る時は、お布団から顔を出して息ができるようにしてくださいね）。

〈**ワンポイント**〉繊細な人たちにとって、お布団は安心できる「わたし」だけの居場所です。肌触りの良いタオルケットや毛布、お気に入りのぬいぐるみ、心地良い枕、好みの香りをたくなど、寝る環境を整えてみましょう。

「人間はどこに向かって生きているのだろう」

ぷかぷかと宇宙の中にいるような安心の世界。胎児の時、羊水に浮かびながら、この世へ生まれる瞬間を楽しみにしていました。しかし、それは想像していた世界とはまったく違う体験でした。

少し不思議な話ですが、私には出生の時の記憶があります。生まれる瞬間の記憶です。

その瞬間は、まるで死を通過したかのような衝撃でした。まぶしい、寒い、痛い、音が怖いといった感覚、へその緒を切られ、母というすべての存在からの分離。私にとっての生まれた瞬間の記憶、それは喜びの体験ではなく、繊細さの中、怖さを感じる体験でした。

今もそうですが、私の深くには、生まれながらに「さみしさ」や「悲しさ」を内包し、常にどこか別の世界に「還《かえ》りたい」といった感覚があると思います。

小学生の頃は、内気な子ども時代を過ごしていました。鬼ごっこでは最後まで鬼で、いつも泣きそうになっていました。

そんな中、唯一の安心できる時間は、ベッドに入った時。モフモフした動物のぬいぐるみを並べて、お気に入りのくまのぬいぐるみを抱きしめて眠る時間は、一日の中でもっとも心安らぐひと時でした。

恥ずかしい話ですが、今でもくまのぬいぐるみと一緒に寝ています。

敏感さとともに生きながら、いつも心の深くにはあるひとつの「問い」がありました。それは、「人間はどこに向かって生きているのだろう」というもの。

小学校の教室の窓辺の席に座り、校庭で遊ぶ友だちを眺めながら、そんなことをぼんやり考えていました。

思い返すと、これが今に続く私の「人間探求の始まり」の記憶かと思われます。

POWER WORD

1

「いいんだよ」

私は、自分を責めそうになったり、心に迷いが生まれたり、後悔したりした時には、自動的にこの言葉を自分に伝えることにしています。そう感じてしまう背景には、私にしかわからない痛みがあるからです。

「わたしだけは、わたしの味方だよ」と、自分を丸ごと許していきましょう。全肯定の自分への許しは、この時代を生き抜く、私たちの新しい智慧《ちえ》となっていきます。

第2章

心のモヤモヤを動かす「感情吐き出しの法則」

感情を動かすとは？

ここまで読み進めてきて、案外自分の中にモヤモヤが溜まっているのかもしれない、と感じた方もいらっしゃるのではないでしょうか。

本書ではネガティブの手放し方として、「感情吐き出しの法則」を活用していきます。モヤモヤしたその「エネルギー」をアウトプットしていくのです。

ここでポイントとなるのは、「エネルギーを吐き出す」ということ。

エネルギーは目に見えないのでわかりにくいのですが、たとえば、心が苦しい時に誰かに話を聞いてもらったり、泣いたりすると、スッキリした感覚になったりしますよね。それは、エネルギーをアウトプットすることによって、エネルギーボディにとどこおっていたエネルギーが動き出すからです。

ネガティブ感情と向き合うというと、常に頭にモヤモヤが巡《めぐ》っている状態をイメージしてしまうかもしれませんが、感情との向き合いは、エネルギーを動かすことにあります。

インプットよりアウトプットを意識する

現代は情報化社会で、何もせずともさまざまなエネルギーが私たちの中に流入してくる、刺激の強い時代です。それにもかかわらず、私たちは、内側にあふれる自然なエネルギーのアウトプットの機会が少なくなり、エネルギーにおけるインプット過多《かた》の状態になっています。

エネルギー流を整えるには、バランス良く、インプットとアウトプットをすること。それが、心の呼吸となります。

ですので、インプット過多の現代は、感情のアウトプットを意識的にしていくことによって、自然とそのバランスはとれていきます（エネルギーのアウトプットは、感情の他にも、表現したり何かを創り出したりするといった創造のエネルギーとしても活用できます）。

エネルギー流のバランスがとれるようになると、本来流れている生命エネルギーが循環し始め、自然な活力が戻ってきます。

ネガティブに翻弄される状態から抜ける

モヤモヤしているとつい、「モヤモヤ＝わたしそのもの」と思って翻弄されてしまいますよね。

でも、モヤモヤとした感覚やネガティブな感情は、わたしに一時的に現れるエネルギーであり、わたしそのものではありません。

モヤモヤは実体がなく、ただただ漂《ただよ》っている状態です。なんとなくモヤっとした霧《きり》のようなものに包まれている感覚によって、モヤモヤやネガティブ感情と一体化しているように感じ、感情に呑み込まれてしまうのです。

感情はただの「エネルギー」です。そのエネルギーの存在に「気づく」ことで、「わたし」と「感情」との一体化から抜けていけます。

LET'S TRY

モヤモヤとの一体化から抜けるワーク

①深呼吸を3回する。
②ハートに手を当ててモヤモヤを感じる。
③「わたしはモヤモヤしているんだな」と認識する。

〈ワンポイント〉続きの解放は実践編でお伝えしますが、モヤモヤしている自分に「気づく」だけでも、一体化から抜けることができます。そうすることで、無意識に感情に翻弄される状態から抜けることにつながります。

感情が出てきた時は、解放のチャンス！

人はあまりにもショックな出来事が起こると、まったく感情が動かなくなることがあります。

たとえば、愛する人を失ったり、恐怖を体験したり、目の前で信じられないことを見てしまったりなど、**それを感じると生き苦しくなるような状況下では、感情を無意識にシャットダウンさせてしまうことがある**のです。

多くの人が、まさか自分の中にこれほどの傷ついた感情があるとは思わず、日常生活を送っています。しかし、そうした感情は何かの拍子に突然顔を出してきて、気分の落ち込みにつながります。

感情が浮上してきた時は苦しいものですが、浮上は感情を吐き出すチャンスと思って感情に寄り添ってみましょう。

つらかった出来事を思い出して、泣けそうなら泣いて解放してみましょう。そうして、**その時表現しきれなかった気持ちや言葉を、今の自分が表現してあげるのです。感情を吐き出すことによって、過去の傷を、時間をかけて癒《いや》していくことができます。**

感情を動かしたいのにまったく動かない、という場合は、お風呂で体をリラックスさせたり、心を許せる友だちと何気ない会話をするなど、自分が心地良いと思うことをして、固くなった心をほぐしていきましょう。

70ページの「あくびワーク」や泣く真似をして、エネルギーを吐き出すことも効果的なので、ぜひやってみてください。

「今すぐラクになりたい」と焦る気持ちも出てくるかもしれませんが、タイミングを感じた時の解放で大丈夫です。

閉じ込められてきた感情は、ほぐされ安心した中でようやく顔を出してくれます。自分のタイミングとペースで、感情を動かしましょう。

LET'S TRY

あくびワーク

あくびをすることによって、深くに溜まったエネルギーが動き、解放することができます。なんだかモヤモヤするな、エネルギーを動かしてスッキリしたいな、という時にやってみてくださいね。

①あくびをしてみる（口を大きく開けてあくびをする真似でも大丈夫です）。
②10回、あくびを続けてみる。

感情は、まるでミルフィーユのよう

感情はエネルギーなので目に見えませんが、もし見えるとしたら、何層にも重なるミルフィーユのような感じです。

たとえば、感情を球体であらわすとすると、ネガティブな感情の場合、球体の表層部分ほど荒い振動があります。

腹の底から強い怒りを感じたり、悲しみがあふれて止まらないなど、激しい感情を抱いている時は、表層部分を通過している時です。ですので、まずはたった今あふれてくるものを感じる、これが基本となります。

怒りを出すと、次は悲しみが出てきたり、その悲しみを感じて動かすと、また怒りが出てきたりというふうに、感情を動かしていくことで、これまでフタをしてきた感情が芋《いも》づる式に出てきます。

こうして浮上する感情をひとつひとつ剝《は》がしていくと、表層部分にあった激しい感情が解放され始め、クリアな層があらわれてきます。

この層は、潜在《せんざい》意識とも、クリアな本音ともいえるもの。そこには、激しい感情の起因となった「第一次感情」があります。「ただ悲しかった」「ただ悲しかった」というふうに、とてもやさしい本音が出てくるのです。

荒い感情の先にある、やさしい本音

恋愛するといつもふられてしまう、と悩んでいた女性クライアントさんのケースです。怒りを出すことが苦手でとまどう彼女に、「これはワークだから大丈夫」と何度も伝え、これまで溜めてきた怒りや悲しみを出し尽くすまで、腹の底からモヤモヤを出してもらいました。

そうして最後に出てきたのは、「ただ寂しかった」という本音。彼女は、「自

〈例〉怒りの感情のしくみ

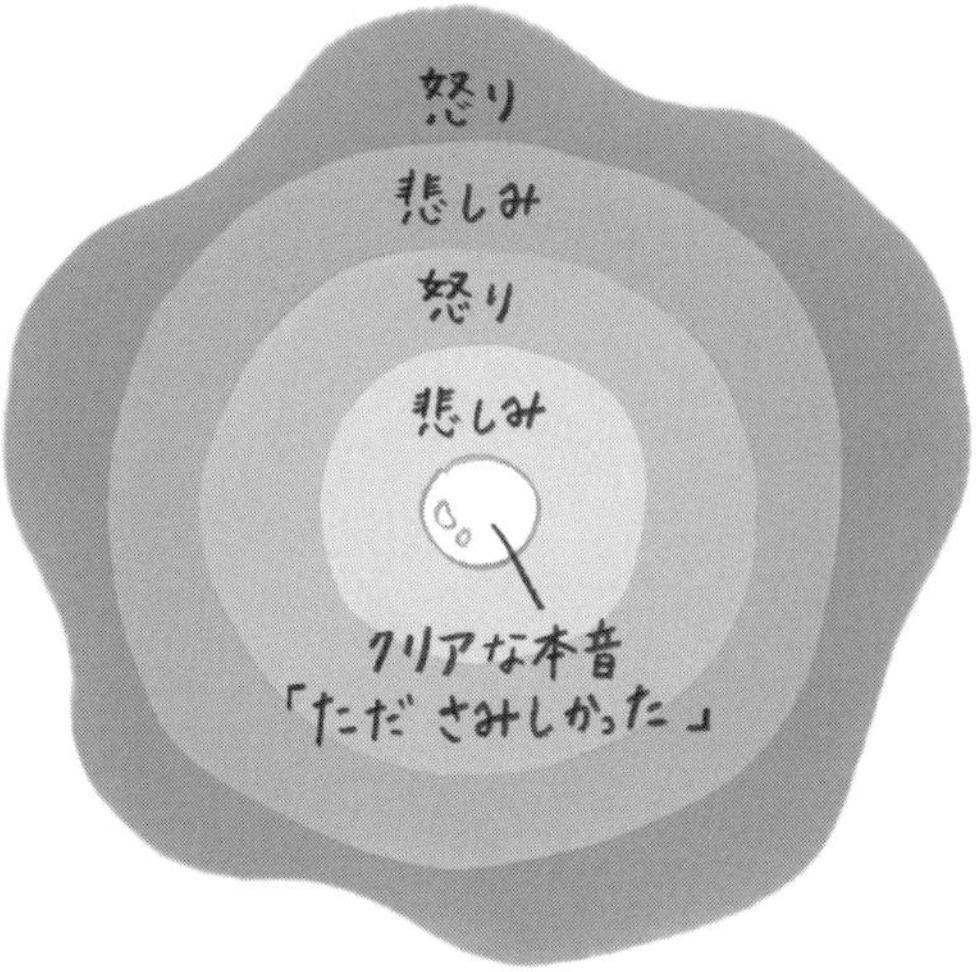

分にはさみしさがある」ことに気づき、怒りが出てきた時は、相手に素直な気持ちを伝える練習をすることで、繰り返しのパターンから抜けられるようになっていきました。

セッションでは、時に激しいネガティブな感情を解放していきますが、表層部の荒い感情を抜けた先にあるのは、ごくシンプルで素直な気持ち。とても柔らかでやさしいピュアな本音なのです。

怒りの感情を許す

「怒り」だけは出せない。セッションをする中で、そういったクライアントさんは案外多くいます。自分を責めてしまう言葉は出てきやすいのですが、相手への「怒り」を口に出すのを躊躇《ちゅうちょ》してしまうのです。

私たちが育ってきた過程において、「怒り」は特に「いけないもの」とされてきたこともあり、怒りを出すことへの抵抗（ブロック）は強烈です。

そのため、汚い言葉を放つ自分への嫌悪感や罪悪感などから、無意識に怒りにフタをして止めてしまいます。

怒りが出せない人は、まずエネルギーをゆるませる特に、モヤモヤ体質の人は繊細でやさしいので、相手に一瞬怒りが湧いたとしても、「やっぱり、自分が悪いのではないか」「怒ったら相手に悪い」「怒っている自分が嫌い」と、怒りを呑み込んでしまう人も多いでしょう。

このように**なかなか怒りが出せない人は、まずは、怒りが湧いたら怒ってもい****い、とわたしの感情を許す**ことです。そこにはあなたなりの「正当な理由」があるはず。怒りによって切り開く道、立ち上がる思いもあります。

とは言われても、すぐに怒りを出せるものではないかもしれませんね。

その時はまず、「苦しかったね」「なんかイヤだったよね」と自分自身に寄り添ってあげてください。

怒りでモヤモヤしたエネルギーをゆるませることから始めましょう。

一方、モヤモヤ体質でも、怒りが出て困っている人もいます。そうしたタイプの人は、わたしと怒りの感情との同一化から抜けることをおすすめします。

「わたしは怒っているんだな」とわたしの状態に気づくことで、怒りの感情とある一定の距離が生まれます。常時周りに怒りを当たり散らしたりしてしまう状況は、周りも自分も苦しいですよね。怒りを感じた時はひと呼吸置き、後からそのエネルギーをワークとして吐き出す習慣をつくってみましょう（第3章のモヤモヤ解放ワークや、124ページの方法を実践してみてください）。

また、放出後のスッキリした時に、わたしの怒りのパターン、トリガー（怒りの引き金となるもの）を知ることでも、怒りのスイッチとなりやすいパターンがわかり、怒りに無意識に翻弄される状態から抜けやすくなります。

イライラしてしまう自分につい落ち込んでしまうかもしれませんが、あまり自分を責めずに、やさしく寄り添ってあげましょう。

怒りとの和解で、生命エネルギーが巡る

セッションの中でクライアントさんが怒りを出し始めると、じつは、セッショ

ンがとてもいい流れに乗って、その後現実が急速に展開していくパターンが多いのです。一番嫌っていた怒りの感情を受け入れることで、どんな自分でも大丈夫、と思えるようになり、自分との和解が起きていくからです。

自分を許せるようになることで、自分に制限をかけていた重いエネルギーが解放されて軽くなり、前向きな気持ちが湧いてきたり、人に対して許せなかったことが自然と許せるようになって家族の関係性が良くなったり、といったことが起こってきます。

怒りにまみれている時は苦しいのですが、怒りは強い「生命エネルギー」でもあります。怒りの感情を出すと波動が低くなる、と思ってしまうかもしれませんが、波動を低くしてしまうのはフタをし続けてしまう状態のほう。

表層にある強いエネルギーを解放して動かしてあげることで、情熱や智慧など、前向きな躍動感あるエネルギーとして活用できるようになります。

ハートの復活で、心の迷子状態を抜ける

よく「ハートを開いて生きよう」と言われますが、今の時代、多くの人たちがハートを閉じて生きているように感じます。

ハートを開くとは、感受性豊かに自分の柔らかさや繊細さ、本音のわたしをそのままに生きること。けれど、今の世の中で誰にでもハートを開き無防備に生きていくことは、反面、傷つくことにもつながるので、私たちは自分を守るために無意識にハートを閉じて工夫して生きてきました。

人生に大きな影響を与えるハートの役割

ハートとは心臓といった臓器とはまた異なり、エネルギーボディに存在してい

るハートセンターという領域です。

ハートは大きく分けて、２つの役割を持っています。

ひとつは、感情で人生を導く役割。私たちに、快・不快を知らせてくれます。

もうひとつは、命の源ともいえる生命エネルギーをあふれさせる役割です。

私たちの人生は、ハートの機能を活用することで、より豊かに人生を呼吸することができます。

けれど、モヤモヤが溜まると無意識にハートが閉じてしまいます。ハートが閉じると、不安や焦り、心配事でいっぱいになって、自分はまだ足りていないという不足感から人生の選択をしてしまいがちになり、「こうしなければ幸せになれない」と、怖さからくる思考で人生をコントロールするようになってしまいます。

こうして、常識に合わせたテンプレートのような生き方になってしまい、自分は何がしたいのか、何が幸せかがわからなくなり、モヤモヤとした中で生きるという状況が、多くの人たちに見られます。

本来人は、大地にしっかりと根を下ろして生きることが生命としての健全な姿ですが、心ここにあらずという状態になってしまいます。

こうした心の迷子状態から抜けるためにも、現代人にとってハートの復活はとても大切になってきます。

ハートをゆるませる方法

ただ、ハートは「開きましょう」といって開くものではありません。

どんなに親しい人でも、ハートをオープンにすると、また傷つくのではないかと思ってしまうので、簡単には開けません。

無意識の抵抗が生まれてしまいます。

では、どうやって抵抗を外すかというと、「わたしは、ハートを開くことに抵抗があるんだな」と気づくこと。

とてもシンプルな方法ですが、「わたしの無意識の状態」に気づくことが大切です。

そうすることで「抵抗はあるけど、ここまではかかわってみよう」とか「抵抗はあるけど、話しかけてみようかな」というふうに、自分の状態を客観的に調整することができるようになります。

モヤモヤと一緒で、ハートも私たちから意識を向けられることで、安心してゆるみ、自然と開いていきます。

そうした中、ふとした瞬間に「満ちている感覚」や「わたしはわたしで大丈夫なんだ」といった感覚が芽生えていることに気づくでしょう。

ハートが開いている時って、どんな時？

今、自分のハートが開いているか、閉じているか？と聞かれてもなかなかわからないですよね。

ハートが開いている時は、ほっと安心している感覚です。たとえば、お風呂やお布団に入った瞬間などに「はぁ～～」と力が抜ける時の感覚です。

ほっと脱力した瞬間に、「こんなに緊張していたんだ」と、初めて自分がハートを閉じていたことに気づけたりします。

また、感情があふれてきて涙を流している時も、ハートは開いています。一見、悲しそうでハートが閉じているように見えるかもしれませんが、感情が解放されている時もハートは開いているのです。

誰かといると、なかなかハートを開くことは難しいものですが、気が合う人とリラックスして本音で話せている時は、ハートが開いています。

これからの時代、ハートを開くことは、人生をシフトさせるためにとても大切な鍵《かぎ》となります。とはいえ、このご時世、常にハートを開いて生きていたら、傷つくことも起こります。

そこで、私のおすすめは、**気の合わない人と会う時はハートは閉じてもいい、**ということ。そこに罪悪感を持たなくて大丈夫です。

その代わり、気の合う人と心を許せる時間を作ったり、一人の時間を満喫《まんきつ》したりして、ハートを開く時間を増やしていきましょう。

気の合わない人に合わせてハートを開くやり方ではなく、気が合う人たちの中で、「わたし」のエネルギーを拡大していけます。

思考は心の声を形にするサポート役

現代において、人々のエネルギー状態を見ると、多くの人は頭のほうにエネルギーが上がっています。昨今、思考が強化されてきたため、心配事や不安、考え事などで頭がパンパンになっているのです。

しかし、本来エネルギーの比重は、下半身にあると安定するもの。地球にしっかり根を張る感覚で、地に足をつけて生きられるようになります。

これまでは、「こうあるべき」「ねばならない」と頭で考えて、物事をコントロールしてきた時代でした。けれど、時代の転換期を迎えた今、ここからは、ハートからあふれるものに沿う時代になっていきます。

とはいっても、思考が悪いわけではありません。思考も活用していきます。

どう活用するのかというと、ハートで感じたことを現実化するために思考を使います。

たとえば、家で子育てをしながら趣味を仕事にしたい、という場合、どうすれば現実化できるかを思考を使って考えます。同じような状況で夢を叶えている人の方法を参考にしたり、チームで分業したりなど、思考を使って現実的な方法を取り入れたりします。

心のサポート的な役割として思考を使えるようになると、頭に上がっていたエネルギーが丹田《たんでん》に降りてきて、地に足をつけて生きられるようになります。

「なんとなく」という違和感は、大切な心の声

長年モヤモヤを溜めこんでしまうと、それが通常運転のような感じになっているので、自分の中にモヤモヤがあることがわかりにくくなります。その時は、自分への「違和感」を感じてください。

なんか幸せじゃない、なんか楽しくない、すごく不幸というわけではないけれどなんかつまらない、なんか気乗りしない、なんか好きじゃない、など。

モヤモヤは目に見えないのでわかりにくいのですが、「違和感」というサインであらわれます。「これがいい」「これはイヤだ」といったスパッと明確な答えをついつい期待してしまいますが、深くからあふれる「YES」「NO」は、ファジーな感覚で反応が出ます。

「なんとなく」は立派な心の声です。「なんとなく、違う気がする」「これ本当にそうなのかな?」という感覚に気づき始めてきたら、そのまま「わたしの違和感」「わたしの反応」を観察していきましょう。

心で感じる練習をしよう

「友だちとのランチをやっぱりキャンセルしたい」「電車を乗り過ごして気分が落ちる」「あの人に注意されたのがイヤだった」など、日々の中で感じるモヤモヤ。

世の中には自分よりもっと不幸な人がいるのに、こんな小さな悩みにモヤモヤするなんて……と思ってしまいそうになりますよね。

でも、あなたにとってのモヤモヤはどれも大切です。モヤモヤに大きい小さいはなくて、すべてが大切なあなたの感情です。「なんとなく」の声に沿って、どんな小さなモヤモヤであっても解放してあげましょう。

小さなモヤモヤとした違和感に気づいていくことで、あなたからの寄り添いの気持ちにモヤモヤは喜びます。日々のモヤモヤを観察する習慣をつくり、その反応に沿った生き方を選択してみましょう。

こうした練習を重ねていく中で、「心で感じる」といった回路が出来始めます。感じる回路が出来ていくと、日々の小さな選択もわたしの本音に沿ったものになっていきます。

小さな習慣の積み重ねで、あなたが本当の幸せに向かっていく道が静かに照らされていきます。小さなモヤモヤは、あなたの人生の導き手です。

「なんとなく」の声は、感覚でわかる

心の声というのは、はっきりとした「声」として聞こえるわけではなく、「なんとなく」といった感覚や反応で出てくるとお伝えしました。「なんとなく」に迷った時は、あなたの中に、次のどちらの「感覚」があるか感じてみてください。

【内側からのYESのサイン】
ほっとする　心地いい
ワクワクする　安心する
情熱が湧く　エネルギーが拡大する感覚

【内側からのNOのサイン】

心地悪い　違和感がある

焦りを感じる　なんだか不安

怖さがある　エネルギーが縮小する感覚

しかし、なかにはなんとなく不安、なんとなく怖さがあっても、内側からのNOという声ではない場合があります。トライしたいことがあって、それが本命であればあるほど不安や怖さは立ち上がるからです。

たとえば、イラストレーターの仕事だけで生活していきたいけれど、会社勤めを辞めたら経済的に不安があって怖い、という場合は、いったん立ち止まり「本当に」それをやりたいのか、感じてみるといいでしょう。

怖さを超えてでもやってみたい、となった場合は、めげずにあきらめずに不安や怖さを連れていきながら、思い切ってトライしてみましょう。

「いいこと探し」の前に、まずしたいこと

何か嫌なことが起きた時、その出来事にもきっと何かしらの意味はあるんだ、とついつい「いいこと探し」をしてしまいますよね。

私もそれをずっとやっていました。けれど、ふと思ったのです。頭ではそう理解しようとしても、心から腑《ふ》に落ちていない自分がいる。このままでは、モヤモヤが溜まっていってしまう、と。

そこで、いったん、「いいこと探し」を後回しにして、まずはイヤなことであふれた感情を吐き出してみることから始めました。

【今までのやり方（モヤモヤが溜まってしまうやり方）】

イヤなことが起きた（友だちにイヤなことを言われた）↓いいこと探し（きっと、私のために言ってくれたんだ）

【新しいやり方（モヤモヤを解放するやり方）】
イヤなことが起きた（友だちにイヤなことを言われた）↓感情の吐き出しワーク（イヤだった、悲しかった）↓スッキリした感覚になる↓自然と前向きな思いが湧き出てくる（これからは無理して一緒にいなくてもいいのかも、など）

いいこと探しをして頭で処理する前に、ワークとしてそこで感じたモヤモヤをしっかりと感じ切る、エネルギーを腹の底から出し切ることをやってみたのです。するど、スッキリとした感覚があふれてきました。

その後、時間を空けてから、ふとした瞬間に「もしかして、あの出来事にはこういう意味があったのかも」と、自然と気づきが生まれました。

そう、この「自然と」というのが、とても大切です。

頭で考えて、キレイにまとめるのではなく、自然と「こういうメッセージなのかもしれないな」「選択を変える時だと教えてくれているのかも」など、イヤな出来事が起きた意味がクリアに見えやすくなる瞬間が、内側からやってきます。

起こることに意味はある、と思うと、つい先にいいこと探しをしてしまいますが、まずは感情のアウトプットをしていきましょう。

そうした中で、自然と自分の内側から湧き上がる答え、直感を待つ。その直感こそ、腑に落ちた中であなたが導いた、あなただけの答えです。

意識の矢印を外から内へ戻す

意識をどこにフォーカスするか。それが、これからのハートを生きる時代の大切なポイントとなってきます。たとえば、友だちの顔色をうかがったり、常識に照らし合わせてみたりなど、自分以外のことが心を占めている時は、意識のフォーカスは外側に向いています。

今の世の中は、学校も、職場も、社会も、外側に意識が向くようにできています。私たちは誰かに合わせて生きてこないといけなかったため、意識の矢印は常に外側を向いていったのです。

しかし、自分にとっての本当の答えは、外側の世界ではなく内側である自分が知っています。意識の矢印を内側（自分自身）に向けていきましょう。

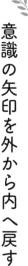

そんな時にも活用できるのが、モヤモヤとした気持ちです。

モヤモヤは、「意識が外側を向いているよ。自分に戻して。わたしのモヤモヤの声に耳を傾けて。答えはここにあるよ」というサインを出してくれています。

よく、大病したことで感謝ができるようになった、リストラにあったからこそ本当にやりたいことを仕事にできた、といった話を聞きますね。

それは、これ以上モヤモヤを溜めこむことができなくなり、素直な心の声に沿って生きるというシフト。意識の矢印が外側から内側に向いたために、起こったことです。

残念ながら人間は、安定した状態やポジティブな出来事では気づきが起こりにくいのです。ショッキングな出来事や絶望感によって、人生が大きく転換するという変容のパワーが生まれます。

意識の矢印が外側から内側に変わることは人生の大転換ですが、そのことによって、人生を自分の手に取り戻していけるのです。

人生を翻弄する核となる傷「コアペイン」

人にはそれぞれ、人生を翻弄する中核となる傷があります。私はそれを「コアペイン（核となる痛み）」と名づけています。

じつは、コアペインへの理解を深めることは、私たちの人生を大きく変えていくほどの大切なメッセージを受け取ることにつながります。

核となる心の傷は、強烈《きょうれつ》な悲しみ、痛み、恐怖といった経験からできたものです。今世の傷もあれば、過去世から持ち越してきた傷の場合もあります。

いずれにせよ、過去に強烈な感情が湧く経験をした、その記憶の傷です。

そうした強烈な傷は無意識に心の奥深く、パンドラの箱の中に押し込めてフタをしてしまっているのですが、日常を生きる中で同じような状況になると、コアペインは無意識に反応し、繰り返しのパターンで悩みや苦しみが立ち上がり、うまくいかなくなる出来事を引き起こしてしまいます。こうしてコアペインは、私たちの無意識の中で人生を翻弄していきます。

たとえば、ちょっとした相手の言動で疎外感《そがいかん》を抱いてしまったり、嫌われるのが怖くて相手に合わせてしまったり、明るくふるまったりなど、人よりも過剰《かじょう》に反応してしまうパターンを生んでしまいます。

そうした反応から、ストレスが溜まってしまったり、チャンスを逃したり、人間関係がうまくいかなかったり、闇堕《やみお》ちを繰り返してしまったりと、人生が翻弄されてしまいます。

コアペインの解放でつながる超本音の存在

なぜ、コアペインは、私たちの人生を翻弄するのでしょうか？

それは、コアペインはとても大切なメッセージを携《たずさ》えているからです。ですので、意識を内側に向けるよう、何度も何度も同じパターンを引き起こします。

しかし、私たちがコアペインの存在に気づき、受け入れ、癒していくプロセスに入ると、今までなかったほどの「自分から自分への強力な愛」が立ち上がります。その立ち上がりをうながすため、目印のように存在しているのが、コアペインなのです。

第4章で詳しくお伝えしますが、コアペインを解放する（癒す）と、「超本音のクリアなわたし＝内なる存在」とつながれるようになります。それは、あなたを調和的に守ってくれる、智慧の存在。

深い闇であるコアペインを癒すと、強力な光が現れるのです。

コアペインは、ただ私たちを困らせようと存在しているのではありません。

強烈な痛みをともなう感情を超えた先でその役割は反転し、あなたの絶対的な味方でいてくれる心強い守り人へと、変容を遂げていきます。

解決でなく解放する

何か問題が起こった時、私たちはどうすればその問題が「解決する」のかを最初に考えます。たとえば、人間関係がうまくいかなくて苦しい、となったら、その人間関係の解決方法を模索しますね。それはとても自然なことです。

しかし、世の中に出ている解決するための方法論を試したものの、なかなかうまくいかない人も多いことでしょう。

今回この本でお伝えするネガティブの手放し方は、もちろん解決に向かう道ではあるのですが、モヤモヤを解放することでエネルギーが動き、ちょっとでもスッキリした感覚の中で、インスピレーションや直感が降りてくる、また、今ある問題に対して「どうしたらいいか」が内側から自然と湧き出てくる、という解決のアプローチ法です。

生命エネルギーの流れが循環し始めると、「○○をやってみよう」「○○に連絡してみよう」というように、クリアな「わたし」からのインスピレーションが湧いてきます。

また、過去の傷が解放されることによって、影響を受けていた思考パターンから抜け出し、本来のわたしらしい、シンプルな生き方になります。

自分にとっての本当の幸せの形が見えてきます。

解決のために、まずは解放する。解放した中で心がほぐされ、自分の内側から答えが導き出されていくのです。

解放こそ解決への近道となります。

わたしは、わたしを見捨てない

よく「自分を愛しましょう」と言われますが、美味しいものを食べたり、着飾ったりして楽しく過ごすこと、ワクワクを自分へ与えることが自分を愛することだと思いますよね。

確かにそれもそうなのですが、本当の意味での「自分を愛する」とは、自分の陰《いん》（嫌いな部分）も陽《よう》（好きな部分）も、両方を愛するということ。

特に、一番嫌っていた自分を見捨てないといった自分への寄り添いによって、私たちの中には、小さくも確固たる希望の光が生まれていきます。

「わたしは、わたしを見捨てない」

生まれてきてこのかた、ずっとわたしを見てきたのは、わたしだけなのです。

そんなわたしがわたしの味方になること、見捨てないと宣言をしてくれることによって、深くから癒されていくことでしょう。

LET'S TRY

エネルギーボディのお掃除ワーク

①深呼吸を3回します。

②体の内側にあるエネルギーボディに意識を向けます。

③ハートから清らかな水が体のすみずみに流れるイメージをします。どこおっていると感じるところは、手を当てて流れるイメージをしてみましょう。やがて水は生命エネルギーとなって、体を内側から満たしていきます。

「テレビ報道カメラマン時代に見た、人間の光と闇」

私は子どもの頃からずっと繊細さを抱えながら生きてきましたが、そのうち少しずつ明るい自分が出てきました。

そして、当時カメラに興味があったため、テレビ局でカメラマンの仕事に就きました。

配属されたのは報道部で、毎日何本もの事件事故の取材に駆け回る日々。

カメラのファインダー越しに、極端な人生の場面を目の当たりにしていきました。午前中の取材では、人生の頂点となり喜びにあふれる人、そして、午後の取材では、人生の絶望、すべてを失った悲しみの中にある人。

そうした中、今でも記憶に残っている取材があります。それは、震災に見舞われた方へのインタビュー。

最初、その方の話はつらさや悲しみでいっぱいだったのですが、自分の気持ちを吐き出していくにつれて、力強さがあふれ始めてきたのです。

「なんとかここを越えねば、その一心です。なんとか越えていきますよ」

と、そこには「希望」のような光さえ感じられました。

取材のあと、私は何度も頭を下げてお礼を伝えました。その方の後ろ姿を見送りながら、人間は闇の中に光を内包しているのか、と力強さを感じたものです。

その後、私は、さらに深く人間を探求したくなり、ドキュメンタリー映像作家になって、じっくりと取材撮影をするスタイルに変わっていきました。

カメラが好き、人間が好きで、この仕事は天職だと思っていました。

そうして2作目となる作品を撮影し始めた時、今までの自分が崩れ、人生が大きく変わる転機を迎えることとなったのです（１４３ページへ続く）。

POWER WORD

2

「いっこいっこ」

感情の解放を始めると、芋づる式に感情が出始める時期があります。終わらないように感じる不安定期。そんな時にかける言葉です。「いっこいっこ、わたしはやってるよ」と、たった今、わたしの目の前にあることを大切にしていきましょう。

ついショートカットでスッキリしたくなりますが、内なる対話、内なる平和は、時間をかける中で安心が根づいていきます。いったりきたり、失敗も繰り返しながら、私たちは螺旋《らせん》階段を上るように成長していきます。

第3章

実践編 基礎

日々のモヤモヤの手放し方

ネガティブ感情の解放は、抵抗が出て当たり前

ここからは、実際にネガティブを手放す方法をお伝えしていきますが、ネガティブな感情と向き合うことへのブロック（抵抗）は、誰にでもあるものです。

感情とは目に見えないものなので、動かすという感覚がわからないという人も多いでしょう。

また、「感情を動かしてなんの意味があるの？」という気持ちや、せっかく封《ふう》印《いん》してきたのに、思い出してまた落ち込むようになってしまったらどうしよう、という不安やとまどいもあるかもしれません。

それでも、「ずっとモヤがかかっているような状態からスッキリした感覚になりたい」「このまま人生を終わらせたくない」といった気持ちが湧いてきたならば、

その時は溜めこんできたモヤモヤを解放するチャンスです。

前に進みたいエネルギーを活用して、モヤモヤを解放していきましょう。

私はいつも寝る前に、お布団の中で、今日感じたモヤモヤを解放するようにしています。自分のやりやすい場所、タイミングでいいので、毎日のささいなモヤモヤを解放する習慣をつけていきましょう。

この方法を身につけることで、その場で感情を動かせなくても、後からその時のことを思い出して回収していくことができます。

イヤなことがあった時はもちろん、なんとなくイライラしたり、気持ち悪さを感じたり、すごく疲れたりした時にも、モヤモヤを動かして、エネルギー流を良くしていきましょう。

エネルギーを動かす習慣を身につけていくと、次第にクリアな感覚に気づけるようになっていきます。楽しんで、やってみてください。

今日のモヤモヤは今日のうちに

この章では、ちょっとしたモヤモヤをその日のうちに手放すことができるように、「日々のモヤモヤの手放し方」を実践していきましょう。

モヤモヤを解放するメリットは、心が軽くなること、そして、「クリアな自分」と出会えることです。

モヤモヤを抱えたまま何かをしようとすると、「クリアではない気持ち」でおこなってしまうため、どこかで違和感が出てきてストップがかかってしまいます。

クリアな自分の声とは、モヤモヤを解放した中で出てくる「本音」の声です。

他人の意見や常識ではなく、「わたし」にとっての本当の幸せとは何かを知っていくことで、人生が自分の手に戻ってきます。

ステップ1　モヤモヤを吐き出す
ステップ2　本音のわたしの声を聞く
ステップ3　その声を現実に活かす

ここからは日々のモヤモヤを吐き出し、それを現実に活かしていくやり方をお伝えします。

さらに、第4章では「わたし」を超えた「わたし」の声、超本音とつながる方法をお伝えしますが、まずは、日々のモヤモヤを吐き出して、クリアな自分とつながる回路をつくりましょう。

本音を知るための、心の対話の練習です。

あなたの中にあるモヤモヤとした感情は、どれ？

モヤモヤしているけれど、自分にどんな感情があるのかは案外わかりづらいものです。そこで、111ページの感情の中から、今の自分に響く言葉を見つけて、感じてみましょう。複数あっても大丈夫です。

一人になれる場所で胸に手を当て、深呼吸をして気持ちを落ち着かせてから、静かに湧き上がってくるものを感じてみましょう。

選んだ言葉に対して心がキュッとしたり、モヤッとしたりなど、何かしら微細な動きを感じるものは、今のあなたの中にある感情です。

自分の感情がわからない時は、これらの言葉を眺《なが》めて、今の自分にしっくりくるものを探してみましょう。

感情の種類

悲しい　さみしい　無気力

むなしい　怖い　恥ずかしい

罪悪感　苦しい　自責

劣等感　自己嫌悪　不安　孤独感

怒り　不甲斐ない　自信がない

後悔　嫉妬　残念　悔しい　恐れ

疑い　憎い　焦り　心配　絶望

その他の気持ち

（　　　　　　　　　　　　）

モヤモヤ解放のための8つの心構え

モヤモヤ解放の前に、解放のポイントとなる心構えを8つ紹介します。このポイントをおさえることで、解放がスムーズになります。

その1　モヤモヤに名前をつけて擬人化する

モヤモヤはエネルギーで生命体のような存在です。気に入った名前をつけて擬人化しましょう。私は「モヤモヤくん」と呼んでいます。名前で呼んでもらえたモヤモヤは、喜んであなたの役に立とうとします。

その2　モヤモヤにリスペクトを持つ

モヤモヤを感じると不快な気持ちになりますが、モヤモヤは不快な感情から人生を導き、あなたの役に立ちたいと思っている存在です。モヤモヤに、寄り添いとリスペクトの気持ちを持ち、「モヤモヤの味方になる」と宣言をして始めましょう。ただし、モヤモヤの味方になれない時は、それはそれで自分にオッケーを出しましょう。自分なりの受け入れのタイミングは、きっと訪れます。

その3　解放作業は一人きりになれる場所で

モヤモヤの解放作業は自分の内側に集中する必要があるため、他の人がいると集中しづらいものです。一人の空間を確保しましょう。一人になることが難しい人は、夜寝る前のお布団の中や、お風呂、トイレ、車の中などでも大丈夫です。

その4　ワークでは汚い言葉も出していい

私たちは「汚い言葉を言ってはいけない」と教えられてきているため、汚い言葉を出すことに抵抗がある人が多いと思います。しかしここでは、いつも封印している言葉を出して大丈夫です。そうした言葉を吐き出すためのワークです。ないところからつくり出すのではなく、自然と内側からあふれ出る言葉なので、そのまま出していきましょう。言葉にエネルギーを乗せてアウトプットします。汚い言葉を出すと、言霊《ことだま》として自分へ返ってきたり、誰かに何か良くないことが起こるのではと思ってしまうかもしれませんが、ワークとして解放のために出すので言霊は乗りません。気になる方は「解放ワークのために言葉を出します」と宣言をして始めると良いでしょう。

あふれ出る言葉は呑み込まずに、芋づる式に出てくるものをすべて吐き出します。抵抗があると思いますが、意識的になって、腹の底にある言葉を出し切ることに集中します。

その5　出てくるものはすべて出す

涙、咳《せき》、鼻水、唾《つば》、あくびなど、感情だけでなく、出てくるものは全部出しましょう。放出したがっているエネルギーなので、止めないことが大切です。

その6　頭でキレイに処理しない

解放作業で大切なことは、思考でキレイにまとめようとしないこと。たとえば、「この出来事にはこんな意味があるんじゃないか」など、感情を出しきる前に頭で考えて和解しようとすると、感情が残ってしまいます。

感情を溜めこんできた人ほど、感情を出し切るのは簡単なことではありませんが、キレイにまとめることより、まずは「吐き出す」ことに集中してみましょう。

その7　ネガティブな感情を、人に当たり散らさない

解放ワークを進めると、一時的に気分が上がり、周りの人や家族についつい勢いで当たりたくなってしまいます。その場合は、自分は感情に呑み込まれていないか、解放ワークの影響でそうなっていないか、と「自分の状態」に意識的になりましょう。もちろん人間ですから、時に感情のままに伝えることもありますが、気づいた時に軌道修正していきましょう。

その8　吐き出しは一発で終わらなくていい

体に負った傷が1回の治療で完全に治らないように、心の傷も1回の解放作業ではなくならないものです。特に深い傷は治ったと思ってもまたうずくように、感情も何度でもあふれてきます。そういうものだと思って、時間をかけて解放していくことで、徐々に傷は癒されていきます。

深い傷ほど一生かけて手をつないでいく、という意識でいると、「解放したのに、またモヤモヤが浮上してイヤだな」と落ち込むことがなくなります。

自然界や体のバイオリズムによっても、心の傷が浮上してうずく時はありますが、それで大丈夫。傷とともに生きていいのです。

解放する時にあるといいグッズ

・**タオルやティッシュ**……感情を放出すると涙や鼻水などが出てくるので、手元に置いておきましょう。
・**水**……自分の内側に集中すると疲れるので、時々水を飲んでリラックスしましょう（短時間の解放作業の場合は、なくても大丈夫です）。
・**ノートとペン**……モヤモヤは、言葉に出すことでエネルギーのアウトプットができます。その方法として、①声で言葉にして出す、②紙に書いて出す、どちらでもかまいません。あなたのエネルギーの乗るほうを選びましょう。②紙に書く派の方は、ノートとペンを用意してください。ノートはなぐり書きをしてもいい専用のノートがあるといいでしょう。
・**クッションやぬいぐるみ**……感情が出てきた時に、つかんだり、抱きしめたりするものがあると、安心します。

日々のモヤモヤ解放ワークをやってみよう

ステップ1……モヤモヤを吐き出す

ここからは、実際にモヤモヤを吐き出すワークです。

1. モヤモヤした場面を思い出す
2. その時の感情を吐き出す
3. 苦しみを抱えてきた自分に寄り添う

自分でモヤモヤ解放ができるように、この手順でやり方を説明していきますので、解放する感覚を練習していきましょう。慣れてくると、モヤモヤを感じたら、道を歩きながら、トイレに入った時など、わずかな時間でも解放できるようになります。

最初は上手にできなくても大丈夫。練習をしながら、日々の心のメンテナンスとして習慣づけていきましょう。

① モヤモヤした場面を思い出す

「なんだかモヤモヤしているな」と思ったら、その気持ちに意識を向けてみます（自分の中にあるモヤモヤがわからない人は、110ページへ）。その時浮かんできたモヤモヤを、具体的に思い出しましょう。

《**例**：他人から注意されたのがイヤだった、友だちから仲間外れにされているような気がする、SNSの他人の投稿になんだか気持ち悪さを感じる、あの時のあのひと言に傷ついた、など》

② その時の感情を吐き出す

具体的なモヤモヤの原因となった場面を思い浮かべたら、あふれる感情を体に響かせ、腹の底からそのままストレートに感情を出しましょう。怒りや悲しみ、怖さなどをそのまま言葉に出したり、ノートに書きなぐったりします。

《例：「なんでわかってくれないの？」「こんな自分ヤダ！」「さみしいよ」「一人になりたくないよ」「ひどい！」など》

吐き出しを終えるタイミングは、もうこれ以上出てこなくなった時、出しすぎて疲れ切った時、休憩したくなった時。ポイントは、できるだけ出し尽くすこと。出し切った感覚になることが大切です。

＊「大嫌い！」「いなくなってしまえ！」といった強い言葉が出てきても、ワークなのでそのまま放出します。エネルギーを出すことが目的なので、うまく言葉にすることよりも、たとえば、「もうヤダよ――！」と、腹の底からエネルギーを乗せて、ノートを真っ黒に塗りつぶしたりするだけでも大丈夫です。

＊感情を声に出したり、ノートに書いたりすることができない場合は、心の中で言葉にするだけでもエネルギーは動きます。

③ 苦しみを抱えてきた自分に寄り添う

感情を出し切ったら、その傷を負って苦しみを抱えてきた自分を抱きしめ、「苦しかったね」「イヤだったね」など、寄り添う言葉がけをします。

解放のあとにすること

解放は気力や体力を使いますから、いったん解放が落ち着いたら、安心できる環境で気分転換をしましょう。

感情のワークはオンとオフが大切です。

・水分をとる
・ゆっくりと体を休ませる
・自分にご褒美をあげる
・リラックスできる音楽を聞いて
気分転換をする　など

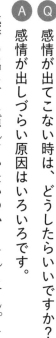

モヤモヤ解放ワークでよくある質問

ワークについて、よく受ける質問をまとめました。参考にしてみてください。

Q 感情が出てこない時は、どうしたらいいですか?

A 感情が出しづらい原因はいろいろです。

感情の出し方に慣れていないのかもしれません。その場合は、ワークを繰り返しやってみることで出やすくなってきます。

また、心がほっと安心できる動画やSNSを見たり、同じような気持ちになれる音楽を聞いたり、モヤモヤしていることを日記に書いたり、一人カラオケをしたり、泣く真似をしてみたり、あくびワーク(70ページ)をするなどして感情を意識的に動かしていきましょう。

感情に寄り添う言葉がけも効果的です。たとえば、悲しさを感じた時は「悲しいね」、さみしさを感じた時は「さみしいね」、怒りを感じた時は「イライラしちゃうよね」など、自分の感情に共感することでも感情が出やすくなります。

Q ワークをしたら怒りが出てきました。モヤモヤ解放ワークの他にも怒りを解放する方法はありますか?

A 強い怒りのエネルギーは、腹の底から出し切るのがコツ。

次のようなことで怒りを吐き出すのも効果的です(家族と住んでいる方は、ワークをすると伝えてからにするとよいでしょう)。

・怒りのエネルギーを乗せて紙に書きなぐり、その紙をぐちゃぐちゃに丸めて投げつける
・クッション(お布団)をたたく

・声を出す（唸《うな》り声もオッケー、エネルギーを振り絞《しぼ》るように声を出す）
・腹の底にある怒りを意識しながら走る（筋トレをする）

コツは、怒りに意識を向けて腹の底から出し切ること。ふつふつと湧いてきた怒りを、そのまま感情を乗せて吐き出しましょう。ただし、周りの人に八つ当たりするのはNG。ワークとして怒りと向き合い、出し切ることが目的です。
怒りを出し切ると、怒りの原因となった「悲しみ」の感情が出てきますが、その感情もそのまま動かしましょう。怒りの下には柔らかい気持ちがあります。

Q モヤモヤしているけれど、ワークをやる時間がありません。

A ため息をひとつつくだけでも、オッケーです。

ため息も、立派なエネルギーのアウトプットになります。まずは、アウトプットの回路をつくっていきましょう。

Q 三日坊主で、ワークが続かない自分にモヤモヤしてしまいます。

A 完璧を求めなくて大丈夫。

寝る時にハートに手を置いて、「今日も頑張ったね」とねぎらいの声をかけるだけでもかまいません。またやりたくなったら再開すればいいのです。

自分を責めず、疲れた時は休みましょう。それも大切な自分への寄り添いです。

Q 感情は出てきても、それが本当に自分の感情なのかピンときません。

A あふれるままに出しましょう。

感情は、顕在《けんざい》意識と潜在意識の境界がないところからあふれるものなので、自分が認識していない感情が出てくることもあります。あふれてくる感情は、そのまま出していきましょう。

外から受けたモヤモヤは、「解放」ではなく「祓う」

私は、自分の内側からあふれてきたモヤモヤの手放しには、あえて「祓《はら》う」といった言葉を使わず、敬意をもって「解放」という言葉を使っています。

しかし、私たちが影響を受けるモヤモヤには、「外側の世界」からくるモヤモヤもあります。そうしたモヤモヤに対しては、深掘りをせず、ただ「祓う」行為によって浄化していきます。

私たちのエネルギーが影響を受けるものはたくさんあり、モヤモヤの原因は多岐にわたっています。

特にエネルギーに繊細な人たちは、外からのエネルギーを受けやすい傾向にあるので、自分とは異なる性質の人と会ったり人混みに行ったりするだけで、気持ち悪さを感じることもあるでしょう。

また、相手の人が悪い、悪くないに関係なく、あまりにも性質の差、価値観の差があり、気が合わない人と会うと、気持ち悪さや違和感が出てきてしまいます。

内側から湧き出るモヤモヤは、心の傷からのサインなので解放や深掘りが必要ですが、外から受けたエネルギーは祓い落としたり、デトックスしていきます。

次に、外から受けるモヤモヤの種類と対処法をまとめましたので、やってみてください。

【外から受けるモヤモヤの種類】

・自分と合わない人やイライラしている人のそばにいて、居心地の悪さを感じる

・満員電車や人混みなどで、頭が痛くなったり、吐き気をもよおしたりする

・気が良くない場所に行って疲れる
・特定の人からの不快な念をもらってしまう（なんとなく、ベタッとしたエネルギーがついている感覚）
・SNSやテレビなどの不快な映像や広告で、気持ち悪さが残る　など

【対処法】
・塩をなめる
・バスタブに塩やエプソムソルトを入れて入浴する
・頭の上から祓い流すようにシャワーを浴びる
・アロマやセージなどのお香をたく
・あくびを10回する（70ページ）
・特定の人からの念を受けていると感じる時は「お戻りください。ここはあなたのいる場所ではありません」と強い意志で伝え、首の後ろをパンパンと叩き、

両肩を手でサッサっと祓う
・不快な映像や広告に影響を受けてしまったと感じる時は、ネットやテレビをなるべく見ないようにしたり、「気持ち悪かったー」「うっ、気分悪い〜」などと不快感を言葉に出して、不快なエネルギーをアウトプットする

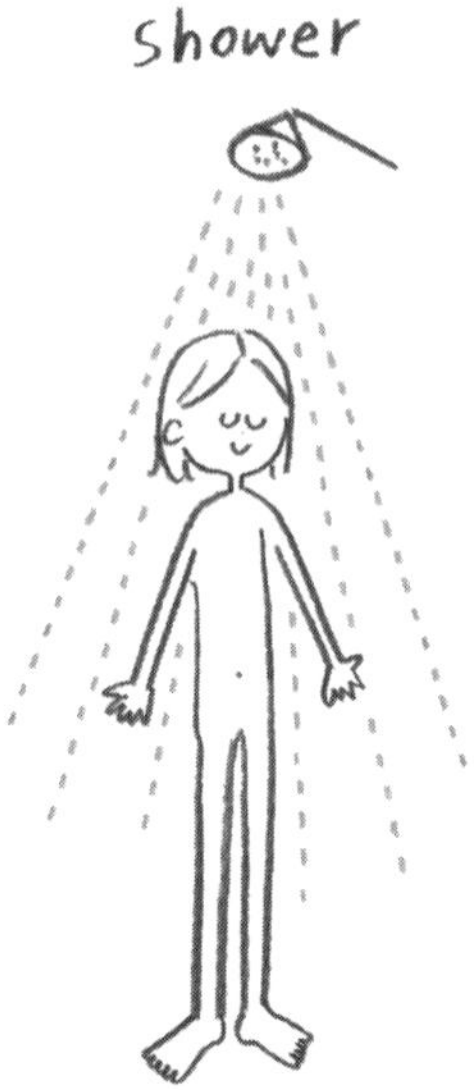

「何かしら」の影響を受けて浮上するモヤモヤもある

何もイヤなことはないのに、なぜか自分の内側にあった感情が浮上してくることがあります。気分が下がってしまったり、心がザワザワしてしまったり、心の古傷が痛んだりすることもあるでしょう。

心の不安定さについつい落ち込んでしまいますが、「何かしらの影響で、感情が浮上しているのかな」と捉えましょう。

時間が過ぎる中で、浮上した感情は少しずつ落ち着いてきますから、自分を責めなくて大丈夫です。

体や心を休ませたり、わたしの心身をケアしたりする期間だと思ってください。

【感情が浮上しやすくなる「何かしら」の影響とは？】

・自然界の影響によるもの。月の満ち欠け、低気圧、天体の配列など
・体のバイオリズムの影響によるもの。体力が落ちている時、女性の場合は生理周期、思春期、更年期など
・社会の集合意識（人間の意識の深層に共通して存在する意識）の影響や、天災や事故、事件など、世間がザワついている時

【対処法】

・体を休ませる
・ストレッチやマッサージなどで体のケアをする
・気分転換をする
・心の声に耳を傾けて、やりたくないことはやめる
・美味しいものを食べたり、自分に日頃のご褒美をあげたりする

モヤモヤから現実創造をする方法

日々のモヤモヤを動かす習慣がついてくると、ささいなモヤモヤにも敏感になってきます。イヤだなと思うことには、わかりやすく違和感を持つようになってくるでしょう。ハートの感覚の復活です。

そうした時には、モヤモヤの声をくみとり、日常で具体的なアクションを起こして現実を動かしてみましょう。

現実創造といっても、**まずは小さな「～したくない」という思いから叶えていきましょう。私はこれを「小さな手放し」**と呼んでいます。

ここからは、ステップ1（118ページ）でモヤモヤを吐き出したあと、どうやって現実創造をしていくのか、その方法（ステップ2、3）をお伝えします。

ステップ2……本音のわたしの声を聞く

感情を出して少しスッキリしたら、モヤモヤの声を聞き取りましょう。これがあなたの本音です。

(例：友人とランチに行く約束をしていたけど、やっぱり行きたくない)

ステップ3……その声を現実に活かす

モヤモヤの声を叶えるためのアイデアを出してみたり、直感が降りてくるのを待ってみたりします。

(例：「体調が悪いから」と言って断る)

メンタルブロックの存在を知る

モヤモヤの声を現実に反映する時に、メンタルブロックという「内側での抵抗」が働きます。このブロックがあるがゆえに、私たちはモヤモヤの声を現実に反映しづらくなっています。モヤモヤから現実創造をするために大切なことは、このブロックを解消すること。次の方法で実践してみてください。

《メンタルブロックの外し方》

①現実に反映させる時に、心の抵抗が生まれる原因を探る

モヤモヤの声を現実に移せない、その原因を探ります。

（例：友だちとのランチを断りたいけど、断ることに抵抗が出てくる、その原因をあげてみる。「前に伝えた時、イヤな空気になった」「嫌われるのが怖い」「伝えるのが疲れる」「相手に合わせたほうが波風が立たない」「断るのはいけないと思ってしまう」など）

②傷に寄り添う

原因となる気持ちが出てきたら、「そりゃ、そうだよね」といったんその時傷

ついた気持ちに寄り添い、ハートをさすりましょう。

ブロックの原因となった場面があったらそれを思い出して、日々のモヤモヤ解放ワーク（118ページ）の方法で、その時の感情を解放してみます。

③少しスッキリした中で、「本当はどうしたいか？」を聞く

もう一度、「本当はどうしたいか？」を自分に問いかけてみます。なかなか出てこない場合は、いくつか選択肢を出して、自分にとってしっくりくるものを選んでみてもいいでしょう。

（選択肢の例：A「とりあえず何か理由をつけて断ってみる」、B「今回は行ってみるけど、帰ってきたら自分にご褒美をあげる」、C「今回は行ってみるけど、次は何かしらの理由をつけて断ってみる」、D「毎回断れなくても、行く回数を減らしてみる」、E「誰かに気持ちを聞いてもらう」、F「思い切ってこれから行かないようにしてみる」など）

④勇気を持ってNOを伝える

今までのパターンとは違う、本音に沿った気持ちを伝える場合、それを実行するには勇気が必要だと思います。

そんな時は、次の言葉を自分にかけてあげましょう。

【NOを伝える勇気が湧く言葉】

失敗しても大丈夫
嫌われても大丈夫
どんな結果でもご褒美
思い切ってやってみよう
人生なるようになるさ

「小さな手放し」から人生は変わる

本音を生き始めると、家族など身近な人でも合わない人とは合わなくなってきて、人間関係のシフトが起こります。

たとえば、毎年お正月になると実家で親戚一同《しんせきいちどう》顔を合わせていたけれど、「なんだか今年は行きたくないな」という気持ちが湧いてくることもあるかもしれません。そんな時は、今まで続けてきた習慣をやめて、自分だけ実家に帰らないという選択をしてもいいのです。

勇気を持って決断してみましょう。

罪悪感が湧いてしまう時は、そんな心揺れる自分にもオッケーを出しましょう。そうはいっても、やっぱり罪悪感に押しつぶされそうで実家に帰る選択をしてみるという場合は、それはそれでオッケーです。

自分がNOを出すタイミングは、強い衝動となってやってくる時がきますから、その時で大丈夫です。

「私は、親戚一同の集いが苦手なんだな」ということを認識している、そう理解していることが大切で、それは自分への寄り添いにもなっています。

「イヤだけど、行っているわたしってえらい」と自分を褒めた上で、心の中で線を引いて割り切って付き合ってもいいのです。

人間関係の断捨離《だんしゃり》やシフトは、自分の感覚やタイミングに沿っていきましょう。

本音に沿って生きるほど、求めていた世界になっていく

心が動き始めるとエネルギーに敏感になるので、自分と気が合わない人に対する反応が出てくるようになります。

以前は一緒にいられた人ともなんとなく会いたくなくなったり、会うと気持ち悪さが残ったり。本音に嘘《うそ》をつけなくなってきます。いい意味で我慢できなくな

ってくるのです。

そうなったら、一人ぼっちになってしまう、繊細すぎて誰とも合わせられないのではないか、と不安になるかもしれませんね。

でも、自分の本音に沿って生きようとするほど、自分自身のエネルギーもバージョンアップしていくため、人間関係も日常生活も、自分が求めていたものに自然と変容していきます。

モヤモヤのサインを活かして、「わたしの本当の幸せ」を選択していく流れに沿っていくことができます。

立ち止まることの大切さ

心も体も疲れているけど仕事は休めない、学校も行かなくてはいけない、体調が悪くても約束は果たさないと。

このように、今という時代は立ち止まることが許されないように感じます。そして、動き続けてきた人ほど、止まることが怖いと感じてしまいます。

クライアントさんの中には、スケジュール帳が埋まっていないと不安になることから、何かしらの予定を常に入れているという方もいらっしゃいます。

立ち止まることが不安になってしまう原因のひとつには、動いていること、忙しくしていることで、自分の中の不安や焦りを解消しようとしている場合があります。
また、動いていないと価値がない、という世の中の風潮が知らずのうちに身に染みついているといったこともあります。

モヤモヤの声に沿っていくと、無理して続けてきたことを「やめたい」「休みたい」といった感覚が湧いてくることもあるでしょう。走り続けてきた人ほど、立ち止まることに焦りや不安を感じるかもしれません。

私はセッションでいつも、「人生において、余白はとても大切です」と伝えています。夢や目標、役割、肩書がないと不安になってしまいがちですが、どうか今日生きた自分をただただ褒めてあげてください。両手でぎゅっと抱きしめてあげてくださいね。

私たちが思っている以上に、私たちは生きづらい時代を精一杯、生きています。存在しているだけで、頑張っています。オールオッケーです。

「嘆きの壁とともに、8年間の絶望期を生きる」

キッチンで晩ご飯を作っている時、それは急に起きました。どこからともなくあふれる「怖さ」に襲われたのです。

その感覚は今までにないもの。たった一瞬先も生きることができないような、気の狂いそうな怖さ、強い感情があふれてきたのです。

このままだとダメだ、と家を飛び出しました。そこにいた小学生の娘は、私の状態が普通でないと感じ、「一緒について行く！」と、駆け出した私のあとを走ってついてきました。

夜遅くで病院は閉まっていたので、近くの薬局で、気休めのような薬を購入した記憶があります。私にとっては藁《わら》をもつかむ思いでした。

娘と夜景がキレイな高台にある公園に行って、どこからともなく涙がポロポロとあふれる中、生まれて初めて、夜空という宇宙に向かって叫びました。

「神様、助けてください、助けてください」

それはまるで魂が裸になるような、そんなすべてを放り出した叫びでした。娘はそばで遊びながら、静かに待ってくれていました。


次の日、病院でパニック症だと診断されました。ここから、私の人生は大きく崩れていきました。パニック症という扉《とびら》をきっかけに、毎日毎日、どこから湧き出てくるのかわからない強い感情があふれ出したのです。それは生きている心地のしない感覚。まるで絶望期かのような8年間が続きました。

映像の仕事は続けられなくなって、すべて辞めることになりました。

私は今までにない繊細さがあふれ出し、わずかな光、音にも敏感になってしまったのです。自室の窓一面には段ボールを貼って、ほんの少しも光が入らないように真っ暗な部屋にしました。

そして娘が学校に行ったあとは、「嘆《なげ》きの壁」と自分で名づけた自室の壁で、あふれる感情を出し続けました。

その中で、自分の人生の体験では考えられない記憶が浮上してきました。それはとても不思議な体験でした。人間の集合意識の闇の感情の噴出です。人類の歴史的な記憶とつながっているような感覚でした。

8年間で5000ほどのありとあらゆる感情を解放し、こんなにも人間とは涙が出るのか、と思うほど涙があふれ、タオルを何枚も握りしめる日々を送りました。今まで気づかなかったのですが、皮膚という薄皮一枚をめくったら、そこには、悲しみがいっぱい溜まっているのだな、と感じます。

この8年間で、闇という存在には「気持ち」があることを知りました。闇は、強い光が痛い。深い闇ほど、「正論」という光が苦しいのです。闇がほっとしたのは、暗闇にともる「寄り添い」という、ちいさなちいさな灯《あか》りでした。

POWER WORD

3

「なるようになる」

人生は時に思い通りにならないことがあります。将来に不安を抱えることもあるでしょう。そんな時は、ただただ、「地球の上に乗っていればいいや」ぐらいの気持ちで、人生へのコントロールや期待を手放し、大きな流れにすべてを委ねてみましょう。「大丈夫、なるようになる」と、「大丈夫」をつけることで、さらにパワーアップします。

思い切ってリスクを受け入れ、自然なバイオリズムに沿うことで、思いもよらぬ方向から人生が良い流れへと導かれていきます。

大丈夫、なるようになります。

第4章

実践編 応用

心の深い傷の解放で、超本音の「わたし」とつながる

心の深い傷の解放は、人生を変える

日々の小さなモヤモヤを動かす習慣がつき、クリアな自分（本音）とつながる回路ができたら、今度は大きなモヤモヤ、つまり「コアペイン」を動かしていきましょう。

95ページでもお伝えしたように、コアペインとは中核となる心の傷のこと。子どもの頃から（過去世からの場合もあります）抑圧してきた感情で、たとえば、必要以上に気を遣ってしまう、自信がない、失敗するのが怖い、嫌われるのが怖い、見放されるのが怖いなど、繰り返し同じパターンで出てきては、人生を翻弄している深い傷のことです。

人それぞれ違いますが、コアペインの持つパワーは強烈なため、それを解放することで、さらにクリアな超本音の自分とつながるようになります。

もちろん第3章でお伝えしたモヤモヤ解放ワークのあとクリアな自分とつながるだけでも、モヤモヤからの現実創造はできますが、超本音の自分とつながると、魂の目的を生きる道へと向かうようになります。まさに、自分の生き方が変わるほど、大きな解放です。

日々のモヤモヤ解放をする習慣ができたら、ぜひトライしてみてください。

闇は光に反転する

コアペインは、人生を翻弄する抑圧した感情ではありますが、エネルギーそのものです。エネルギーは陰であっても陽であっても、あなたを活かす生命エネルギーであることには変わりありません。

抑圧している間はネガティブとしての側面しか感じられませんが、痛みを超えて解放することで、その強烈なエネルギーは頼もしいパワーに反転していきます。パンドラの箱の中に置き去りにしてきたもっとも苦しかった状況の自分を、大人になった自分が救い出すことで、自分の生命エネルギーが復活するのです。闇が光に反転する瞬間であり、「わたしの復活」と直結するプロセスとなります。

長い間抑圧しなければ自分が保てなかったほど深い傷、それほどの傷が自分の中にあるということ。それに気づくことは、ずっとフタをされてきたコアペインにとっても、大きな喜びとなります。

魂の願いを携えたコアペイン

愛とは何かを探究する人たちは、じつは、愛と真逆の体験をしたコアペインを保持している場合が多くあります。

愛を感じられなかったからこその、人生をかけた愛の探求に導かれる、といった具合です。コアペインは、人生をかけて癒すほどの深い傷ですが、そのたびに、わたしの人生にとって大切なことは何かを、静かに伝えてくれています。痛みは痛みだけで存在しているのではなく、深い愛を内包しています。

コアペインは、「あなたが生まれてきた目的」に導いてくれる存在でもあります。

こうしたしくみを知ることで、コアペインの痛みに翻弄され続けることから抜け、新たな人生の側面が見えてきます。

この本には深い傷を癒すエネルギーを込めていますので、この本に触れることにより、コアペインへの気づきがうながされるかもしれません。**「わたしの中に、コアペインという存在があるのかも」と気づくことだけでも、大きな一歩です。**

自分はその影響で苦しんでいること、それが無意識のうちにパターン化していることを、客観的に知ることができるからです。

つらかった過去をもう一度見るのは、苦しいことに思えるので、「見たくない」という抵抗（ブロック）が働きます。パンドラの箱をあけたら、自分が崩壊《ほうかい》してしまう怖さも湧き出てくるでしょう。

けれど、その怖さを超えて、置き去りにしてきた感情と和解するそのタイミングは、人それぞれに訪れます。

タイミングをつかみ、少しずつコアペインを癒していくことによって、とどこおったエネルギーは流れ始め、置き去りにしてきた生命エネルギーが自分に戻ってきます。

深い傷ほど、復活の力はパワフルです。

一番見たくないとフタをしてきた傷、そこを解放していくことによって、あなたのエネルギーは復活していきます。

コアペインは過去世に原因があることも

コアペインは過去世からくることもあります。根拠はないけれど、なんとなくそんな気がする、といった感覚から導かれます。

たとえば、**女性に多い過去世のコアペインに、「魔女狩り」の記憶というものがあります。**魔女狩りとは、16～18世紀頃のヨーロッパやアメリカで起こった出来事で、主に不当な疑いをかけられた女性たちが「魔女」とされ、処刑や迫害された悲しい歴史です。

実際、コアペイン解放のセッションでは、何人もの女性が魔女狩りの過去世を思い出し、その時から続く感情を解放していくことで、自分らしさを取り戻していきました。

今の時代に「魔女狩り」といってもリアル感がないかもしれませんが、魔女狩りの時の感情を持っていると、ある日、日常の中で似たような状況（自分の意見に同意してもらえなかったり、大勢の前に出て意見を言わなければいけない場面など）になると、突然どこからともなく、否定されることへの怖さ、警戒心や不信感、孤独感などが湧いてきたりします。

このように、**過去世にコアペインの原因がある人も意外と多い**のです。

なかには、人間でない存在、たとえば、精霊や龍、宇宙的な存在が経験したコアペインを持っている人もいます。

人間も人間以外の存在も同じ生命エネルギーが流れているため、魂に境界線はなく、また、見えない世界では過去も未来も今にあるため、現実的には考えられないような不思議なつながりを感じる人も多いのですね。

内なる自分「インナーセルフ」とつながる

お遍路《へんろ》などの巡礼《じゅんれい》では、一人で歩いていても常に弘法大師《こうぼうだいし》・空海《くうかい》が寄り添ってくれているという意味で、「同行二人《どうぎょうににん》」という言葉があります。

同じようなたとえで、まるで同行二人のように内なる「守り人」が、じつは一人ひとりに存在しています。

それは、もう一人の自分。

コアペインを解放するプロセスで出会える「インナーセルフ」という内なる存在です。私はこのインナーセルフを、「わたしを超えたわたし」であり、「超本音のクリアなわたし」と位置づけています。

私がセッションでクライアントさんのコアペインを解放すると、インナーセルフは毎回現れますが、それはすべての人の中にある高い次元の内なる自分、智慧の存在です。

インナーセルフは、あなたの絶対的な味方であり、どんなあなたでも応援してくれる、守り人のような存在。たとえば、怒りが湧いてきて、イヤな言葉を相手に投げつけてしまった時も、インナーセルフは「そう言ってしまうのもわかるよ。それくらいつらかったんだね」と言って、寄り添ってくれるでしょう。

なぜ、どんな自分でも受け入れてくれるのでしょうか。

それは、悲しみやさみしさ、怖さなど、あなたが一番苦しかった感情をともに通過してきた存在だからです。世間一般が言う「そんなことしちゃ、ダメだよ」という意見ではなく、あなたの気持ちにとことん寄り添い、調和的に見守ってくれる心強い味方です。

クリアな領域に存在する「もう一人のわたし」

心理学で「インナーチャイルド」という言葉を聞いたことがある人も多いでしょう。いろいろな解釈がありますが、過去の記憶に残っている心の傷のこと。感情面に特化した内なる自分のことで、潜在意識の浅いところにいる存在です。

インナーセルフは、インナーチャイルドよりももう少し深くで全体を見守っていて（さらにその深くにはハイヤーセルフという、より高次元の領域もあります）、過去世で経験したトラウマなどを含む、魂の記憶を持つ存在でもあります。

インナーセルフは、コアペインを動かすことでつながる潜在意識の中のクリアな領域で出会えます。

陰があれば陽があるように、核となる傷「コアペイン」（陰）と超本音のクリアな守り人「インナーセルフ」（陽）は、表と裏のような存在です。

二つでひとつの側面があるため、コアペインと向き合うことによって、潜在意識の深いところに存在する超本音のクリアな「わたし」、インナーセルフと出会うことができるのです。

内なる自分と対話する生き方を身につける

では、インナーセルフとは、どのような姿で現れるのでしょうか？

じつは、インナーセルフの姿は人それぞれで、満ちあふれた過去の自分の姿だったり、過去世の自分だったり、精霊や龍だったり、宇宙的な存在だったり、クリスタルのような透明な光になったりなど、いろいろです。

少し不思議な魂の視点でのお話になりますが、私たちはこの肉体だけで生きているのではなく、エネルギー的な存在と境なくつながっているため、あなたを守護してくれるエネルギー体が出てくるのです。

ただ、そうした姿で現れることをゴールにする必要はありません。

私がセッションをした人たちも、インナーセルフは明確な姿というより、キラキラ輝く光のような形のないイメージで出てくることがありました。

一方で、まったくイメージが出てこない人もいます。

その場合は、自分が心地良く感じる守り人のキャラクターをイメージしてみましょう。たとえば、天使、女神、未来の自分、モフモフの動物、お気に入りのアバターなど、なんでもかまいません。

そして、そのキャラクターに名前をつけてみてください。

インナーセルフの姿にこだわる必要はなく、内なる答えに沿って生きられるようになることが大切です。

超本音の存在をキャラクター化することで、内なる自分との対話の窓口となり、内側とつながりやすくなります。

インナーセルフは、超本音のクリアな自分と対話する窓口となる存在。常に内側に意識を向けることをうながしてくれます。

二人でひとつを生きていく安心感

また、内なる自分、超本音の自分が、いつでも一緒にいてくれることで、一人ではないという安心感もあります。

インナーセルフとともに生きていくと、誰かに答えを求めなくても、自分の内側から答えを導けるようになっていきます。

世の中にはいろいろな解決法がありますが、じつは私たちは、自分から湧き出る答えがもっとも腑に落ちます。他人からの意見や情報で「こうすればいいんだ」と思ってやってみても、腹の底から思えていないと、なかなか問題を解決できません。

インナーセルフは、あなたの本質そのものです。

生きづらい世の中を一人で生きていくのは苦しいものですが、インナーセルフとつながると、一人ではない心強さが湧き出るでしょう。

二人でひとつを生きていくような安心感が自分を支えてくれます。

傷に振り回されてきた人生を抜けて、コアペインを解放し、新しい自分を生きたいと思うタイミングを感じたら、ぜひこの章でお伝えするワークを実践してみてください。

パンドラの箱をあけるには勇気が必要ですが、痛みの解放を超えた先に、「もう一人のわたし」が両手を広げて待っています。

コアペインを解放してみよう

コアペインを解放するワークは、次の手順で進めていきます。

1. 過去の自分を解放する
2. 過去の自分を癒す
3. インナーセルフと対話をして答えをもらう

基本は、第3章の日々のモヤモヤ解放と同じですが、大きな違いは、超本音の存在であるクリアな自分「インナーセルフ」と対話をしながら、過去の自分が伝えたかったメッセージを受け取っていくところです。

この解放作業の心構えや解放する時にあるといいグッズは、112〜117ページと同じです。感情を解放したあとに、インナーセルフとの対話があるので、しっかりと記録しておきたい人は、スマートフォンなどの録音機能でこのワークを記録しておくのもいいかもしれません。

① 過去の自分を解放する

1：繰り返し起こる不快なモヤモヤに意識を向ける

ハートに手を当てて、「動かしたいモヤモヤ、ここから抜けたい感覚のあるモヤモヤってなんだろう？」と自分の深くに問いかけてみます。繰り返し起こる不快な感覚として、自分の中でひっかかっていることは何か、そこにフォーカスしてみてください。

《**例**：なぜかイライラする、悲しみの感覚が抜けない、何をしていても虚《むな》しさがある、嫌われたくなくて人の顔色ばかりうかがってしまう　など》

2：過去の傷ついたシーンを思い出す

先ほど出てきたモヤモヤに対して、「過去に同じような感覚になったことはあるかな?」と自分に問いかけ、過去をたどっていきましょう。

場所はどこか？　誰といたのか？　そこで何が起こったのか？　など、その時の状況を細かくリアルに思い出します。フタをしてきた一番思い出したくない場面なので、苦しさが出て大変かもしれませんが、ワークだと思ってトライしてみましょう。

《**例**：小学生の時にクラスの女子に無視され、帰り道一人ぼっちだった／幼い頃から父と母の仲が悪く、いつもびくびくしながら部屋に引きこもっていた　など》

3：傷ついた過去の自分になりきり、出てくる感情をひたすら吐き出す

一番イヤだった場面、触れたくなかった場面を思い出したら、その時の自分になりきって、当時、言えなかった気持ち、表現しきれなかった思い、あふれてくる言葉にエネルギーを乗せて、声に出したり、書いたりして、その感情を吐き出します。

「怖いよ」「苦しいよ」「助けて」「さみしいよ」など、大人になった自分が吐き出してあげます。今の自分を通して、パンドラの箱の中にぎゅっと溜まっていた感情を解放していきましょう。

もうこれ以上感情が出てこない、出し尽くしたと感じたら、いったん終わりにします。

＊コアペインはとても深い傷なので、何日かにわたって解放が起こることがあります。その間中、悶々《もんもん》としたり、怒りが湧いてきたり、悲しみがあふれてきたりしますが、フタをしてきた感情が出てきてくれているので、自分に寄り添い、そのまま出してあげましょう。

＊大きなエネルギーを動かすので疲れますが、疲れた中にちょっとだけスッキリした感覚が出てきたら、いったん、出し切ったサインと受け取って、次のステップへ移ります。

＊声に出して吐き出せない人は、そのイヤな場面を思い出して、自分の内側で感じるだけでも大丈夫です。

＊なかなか感情が出てこない場合もあります。その時は「悲しかったね」「ここまで生きてくるの、苦しかったね」「ここにいるからね」と寄り添いの言葉をかけてハートをさすってあげましょう。

② 過去の自分を癒す

1：過去の自分にとことん寄り添う

過去の自分になりきっていたところから、今度は今の自分（ワークをしている自分）に意識を戻して、今の自分が過去の自分を抱きしめます。自分で自分をハグしてもいいですし、クッションやぬいぐるみを過去の自分だと思って抱きしめるのもいいですね。

そして、今の自分から過去の自分に、「苦しかったね」「さみしかったね」「わたしがここにいるから、大丈夫だよ」といった寄り添いの言葉をかけながら、過去の自分を光で包み、安心を与えましょう。

＊過去の自分が拗ねていて、「なぜこんなに長い間、私を無視してきたの？」「どうせまた忘れちゃうんでしょ」など、心を開かないことがあります。それでもあきらめずに時間をか

けて、「今まで置き去りにしてきてごめんね。そうしないと生きてこられなかったの」など寄り添いながら、正直な対話をしていきましょう。過去の自分はあなたそのものですから、本当はあなたのことが大好きなのです。とことん寄り添いながら対話を重ねて、信頼を回復していきましょう。

2：過去の自分に当時の思いを聞く

過去の自分が解放によって癒され、過去の自分と今の自分の間に和解が起こり始めたら、過去の自分に、「あの時、本当はどうしたかった？」と、その当時表現できなかったことを言葉で伝えてもらうようにうながします。それに対して「そうできなくて本当にごめんね」など寄り添いながら、イメージの中で対話をします。

③ インナーセルフと対話をして答えをもらう

当時のことについての対話が落ち着いてきたら、過去の自分に対して、今の気持ちや今悩んでいることなど、聞いてみたいことをなんでも聞いてみましょう。

「今後、当時と同じような感情が湧いてきたら、どうしてほしい？」「今の仕事を続けていいのかな？」「親との関係がよくなくて……。どうしたらいいのかな？」など。

表層にあった荒い感情を出したあとなので、エネルギーはクリアな状態。質問の答えを受け取っていくことで、その存在は弱さから反転し、智慧の存在、超本音の存在へと変わっていきます。これがインナーセルフです。闇と思われていたコアペインを癒すことで、過去の悲しみに暮れていた自分から一転し、わたしの超本音の声を携えた智慧の存在という光の側面が出てきます。

インナーセルフは、過去の自分が表現したかったことや、今の気持ちなど超本音を伝えてくれるでしょう。自分の中にすべての答えがある、というのはこのことです。

もう質問が出てこなくなったら、「今日はありがとう」「これからも守っていてね」「またね」など言葉をかけて、さよならします。

体を少し動かしたり、さすったり、指をグーパーしながら、深い対話の世界から肉体に戻

ってきてください。
深呼吸を3回して、お水を飲んで終了です（解放後の過ごし方は、122ページをご覧ください）。

＊1回のワークでインナーセルフが現れることは少ないかもしれませんが、このワークを何度も繰り返し、コアペインを解放していく中で、守り人としての側面が顔を出してきます。

＊スッキリした感覚があるのにインナーセルフが出てこない場合は、159ページで伝えたように、自分が心地良く感じる守り人のキャラクターをイメージしてください。

コアペインの解放ワークでよくある質問

よく受ける質問をまとめてみました。参考にしてみてください。

Q **インナーセルフとなかなかつながれません。**

A **イメージすることが苦手な人は、捉えづらいかもしれません。また、まだ伝えたいモヤモヤが残っている場合があります。**

インナーセルフは明確に現れるといったものではなく、「なんとなく」の感覚で捉えていきます。目的は、「内なる自分の声」とつながることなので、インナーセルフの存在や、その見え方にこだわらなくて大丈夫です。ふとした瞬間にイメージが浮かんでくることもあります。

また、何度ワークを繰り返しても、モヤモヤがまだ溜まっている場合は、それだけの傷を負ってきた背景を理解し、過去の自分と手をつないで生きていくというスタンスで、気長に付き合っていきましょう。ふと気づいたら、「わたしの守り人」「智慧の存在」になっているということがあります。

Q インナーセルフが、不安になるようなこと、焦らせることを伝えてきます。どうしたらいいですか？

A クリアな状態になることが大切です。まだ癒されていない傷の痛みが残っていないか、観察してみましょう。

インナーセルフは高い次元の自分なので、調和的な存在。あなたを不安にさせること、焦らせることはありません。たとえば、「○○をしなさい」「○○以外はダメ」などあなたをコントロールする声であれば、傷の痛みが影響している状態なのかもしれません。

モヤモヤを解放しスッキリとした感覚で、もう一度つながってみましょう。

Q 直感に沿って動いてみたけれど、良い結果になりませんでした。私の受け取り方が悪いのでしょうか?

A 直感は、外れることもあります。

直感に沿う練習をしていくことで精度は上がっていきますが、大切なのは直感が当たるかどうかよりも、失敗をしても大丈夫、と試行錯誤しながら内側からの声に沿ってみることです。そうすることで、わたしの本音に沿った生き方に少しずつシフトしていきます。

楽しみながら、直感に沿った生き方を練習していきましょう。

インナーセルフはあなたの良き相談相手

インナーセルフを一度認識すると、守護する存在として、常にあなたとともにいてくれるようになります。

もう一度初めからワークをして思い出す必要はなく、あなたの内なるパートナー的存在になります。名前をつけて仲良くなりましょう。

そして、あなたの体のどこかにインナーセルフの居場所をつくってください。

たとえば、丹田やハートの辺りなど。インナーセルフに、「どこがいい?」と聞いてみるのもいいですね。

日常レベルで何か答えが欲しい時は、インナーセルフの居場所に手を当て、名前を呼んでください。インナーセルフとの回路がつながってくると、割とすぐ現れてくれるようになります。

質問はどんなことでもオッケー。歩きながら、電車の中など、どこでも大丈夫です。たとえば、「誘われた明日のイベント、行ったほうがいいかな？」と投げかけると、「明日の朝感じてみて決めるといいよ」とか「ワクワクするなら行ってみたら？」など、ヒントや答えが返ってきます。

その声は、しっかりとした「声」で聞こえる、というものではなく、ほとんどが、「なんとなく」という感覚的に伝わってくるものです。

対話が終わったら、「ありがとう。またね」といって、居場所に帰ってもらいます。

インナーセルフは、あなたの役に立ちたがっています。気軽に呼びかけて、同行二人を生きていきましょう。

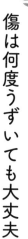

傷は何度うずいても大丈夫

モヤモヤは1回で出しきれるものではない、とお伝えしましたが、それと同様、コアペインも1回のセッションですべてが解放される、といったものではありません。それは一見残念に聞こえるかもしれませんが、逆に捉えると、その傷が再燃しても大丈夫ということ。

とくに、コアペインは過去の記憶と同じような場面に遭遇すると、急に悲しみや怖さが立ち上がってきます。このように、コアペインとは、癒されることでインナーセルフの側面が立ち上がったとしても、時として過去の傷が立ち上がるように、両方の側面を同時に保持しています。

コアペインは、わたしにとっての深い悲しみですので、何度でも悲しみが浮上して当たり前。それだけの経験をして、それだけの深い傷になったのですから、焦らず時間をかけながら傷を癒していけば大丈夫です。

私はクライアントさんにも「過去の傷は、何度でも浮上していいんだよ」とお伝えしていますが、傷をなきものとして生きる、というより、「傷とともに生きていく」というスタンスでいいのです。

感情が浮上するたび解放する、浮上するたび、解放する。そうやってエネルギーを動かす、ということを繰り返していくと、たとえ傷がうずいたとしても「また、いつものパターンが出てきたな」と気づくまでのスパンが短くなるので、感情に呑み込まれる時間も徐々に短くなっていきます。

こうして、人生をかけて少しずつ、心を癒していきましょう。

「魂の生まれる瞬間、人は皆、美しかった」

感情解放の噴出期において、ある不思議な体験をしました。少し不思議な話なので、ファンタジーと捉えてもらってもかまいません。

それは早朝、目が覚めてボンヤリしている時に起こりました。急に私自身の意識が、ある場所に「位置」したのです。

ただその場面をビジョンとして見ている、という感覚ではなく、「その場にいる」という感覚が強くありました。

目の前には、白い透明の光のような大きな大きな存在がありました。大きすぎてその一部しか見ることができない感じです。

その存在から、ひとつ、ふたつ……と粒子《りゅうし》が離れていきます。離れた粒子は、静かに光り輝きながら旅立っていきます。

私はその場面を見てとっさに、これはとても神聖な場面にいると感じ、息を止めました。私が吐く息で雑菌が入ってはいけない、と思ったのです。私という存在が菌に思えてしまうほどそこは無菌であり、真空の空間でした。

大きな光から離れていく粒子たちを眺めていると、耳元でこう声が聞こえました。澄んだ女性の声です。

「魂の生まれる瞬間です」

その瞬間、私は今ある世界、自室へと意識が戻りました。とてもリアルな感覚がずっと体に残りました。

この日を境に、不思議なことに、感情噴出期の8年間は徐々に終わりに向かっていったのです。

魂の生まれる瞬間は、私がそのビジョンを見たというよりも、招待されたような感覚でした。それはまるで、8年間の闇を見たあとの究極の光だったと感じました。

その後、私は自分の体験を社会に活かせないかと思うようになり、親しい友人の心の相談に乗ってみました。そこから「心と魂のカウンセリング」が始まり、やがて口コミで広がるようになったのです。

8年間に及んだ感情の解放と、魂の生まれる瞬間を見せられる、という不思議な体験。なぜ私はこうした体験をしてきたのか、それを人生をもって咀嚼《そしやく》したい、その途上にあります。

人は皆、美しかった。

その感覚が今もなお、私の活動の根底を支えています。

POWER WORD

4

「今日を生きた わたし、えらい」

1日を過ごしたあと、こうすればよかった、ああすればよかった、といろんな後悔や不安を感じた時は、ハートに手を当てて、この言葉を自分にかけてあげましょう。

足りなさを感じることもいっぱいあるかもしれません。けれど、生命の意味とは「存在そのもの」にあります。生きているって、じつはすごいことなのです。

どうか自分をやさしく抱き寄せてください。ハートをさすってくださいね。

あなたは満ちています。そのままのあなたで満ちています。

第5章

「わたし」を生きる

次なる時代をつくっていくのは、エネルギーに敏感な人たち

今、生きづらさを感じている人は、自分は弱い存在だと思っているかもしれません。人に合わせられなかったり、自分の意見が言えなかったり、人混みに行くと気持ち悪くなったり……。みんなが普通にできていることができない自分を、責めている人も多いのではないでしょうか。

私も超繊細です。たとえば、コンビニでお釣りを渡してくれた店員さんの手が触れただけで、エネルギーの違いにパッと手をひっこめてお金を落としてしまったり、満員電車に乗った時は、家に帰ってすぐにシャワーを浴びないと気持ち悪くなってしまったり。こうした繊細さに以前は嫌気がさしていましたが、今は、エネルギーに敏感だからこそ反応が出ると思えるようになりました。

裏を返すと、それは「自分にとって心地良くない」ことを知っている自分であり、「自分を生きる」ことへの不動の力強さを持っている証です。

今までの時代は目に見える世界が主軸でしたが、ここからの次なる時代は、目に見えない世界、私たちの本質が台頭していく時代になっていきます。目に見えない世界、本質の世界とはエネルギーの世界です。

エネルギーの世界とは、魂を生きるということ。わたしの根源に広がる、超本音を生きる世界です。

私たちは、目に見える体とエネルギーボディから成り立っているとお伝えしましたが、本来人間は、エネルギーそのものを生きており、エネルギーに敏感な生き物です。

心理学では、意識には2種類あり、顕在意識（自覚している意識・目に見えている世界）は3〜10％で、潜在意識（自覚していない意識・目に見えていない世界）は90～97％と言われています。

このことからもわかるように、人間が目に見える範囲はとても狭く、人の精神構造はもっと深い全体性の中にあります。

新しい世代は、次なる時代の革命家

今、やさしい世界や調和を求める若者たちが増えてきているように思います。

彼らは、圧倒的な力で時代を牽引《けんいん》するという表だった方法ではなく、自分を癒したり、満たしたりしながら、内なる平和という在り方を通して静かにメッセージを送り、時代の流れを変えていこうとしています。

自分を犠牲《ぎせい》にしてやさしい世界を創造するのではなく、自分を満たすことで、やさしさを循環させていくやり方です。

それは決して派手ではなく、とても繊細で静かですが、そうした人たちが、次なる時代を大きく動かしていく、静かなる革命家であると感じています。

時代の変わり目を生きている

私たちが生きている時代の立ち位置を見ていきましょう。

私たちは今「時代のシフト期」を生きています。

今までは、いい学校に進学して大企業に就職するのがいい人生、お金を持っているほうが幸せ、適齢期《てきれいき》になったら結婚して家庭を持つのが幸せといったように、「これが人間の幸せ」という思考で、そのレールに乗ることが幸せ・成功への道とされてきました。

しかしここからは、「わたしにとってどう生きるのが本当の幸せなのか」一人ひとりが心と向き合って、本当の気持ち、生き方の選択をしていく時代。私たちはまさにその変容期に生きています。

これまでは、私たちは時代に翻弄され続けながらも、ハートにフタをしてなんとか生き抜いてきましたが、今、目に見えないけれども大切なものを取り戻し、一人ひとりのハートが復活しようとしています。

時代の変わり目には、旧体制のものを壊すエネルギーや新しい時代に不要なエネルギーの洗い出しが始まるため、社会では破壊と再生が起こりますが、それは個人においても起きています。

自分の信じていたものが、いったん崩壊するような出来事も起きてくるでしょう。ただそれは、再生へと向かうための、エネルギーボディの大掃除です。そうして再生への道が開かれていくのです。

本当の幸せに向かって、私たちは目覚め始めています。

地球の目覚めと「わたし」の魂の成長

ここから少し霊性を深めた話になりますが、時代のシフト期は、地球という星の進化と関係しています。

地球は惑星ですが、宇宙全体から捉えると、ひとつの生命体。生命体とは成長するものであり、地球は今、成長の階段を上るプロセスにあります。

地球の成長とは、「調和に満ちた星になること」。そして、地球に住む私たち人間も、もれなく地球本来の「目覚め」の流れに同調し、成長をうながされています。なんの成長かというと、「意識」の変容。意識とは、私たちの本質、根源的なエネルギーのことです。

やさしさや調和といった世界が内側から広がっていくことにより、愛の純度が高まっていきます。

魂は、本来の呼吸を取り戻そうとしている

魂には自浄作用といって、元の状態に戻ろうとする力が働きます。

魂とは、愛と智慧に満ちた本来の私たちの姿であり、とてもクリアなエネルギーです。しかし、人間社会で生きるなかで常識や思考パターンなどで重い波動がたくさんついてしまい、魂は本来の呼吸ができなくなってしまっています。

そこで、魂の浄化、エネルギーボディのクリアリングのため、現実世界への違和感としてモヤモヤが生まれやすくなっています。魂が元の状態に戻ろうとするのは、とても自然な流れです。

それを顕著にあらわしているのが、今の時代の子どもたちです。

最近は、不登校の子どもたちや、心の病気になる10～20代の子どもたちもとて

も多いのですが、それは、今の社会に対する静寂なる抵抗、魂本来ののびのびとした呼吸ができないことを教えてくれているサインでもあります。

新しい時代の子どもたちは、「本当のわたし」を生きることがスタンダードの進化した魂です。人に合わせられないのではなく、むしろ、合わせないと決めてきている魂です。私たち人間の進化に大切なメッセージを、その声なき声として伝えてくれています。

体に出る反応は、新しい時代への調整

私たち人間は、「安定」した状態に安心を覚える生き物です。

しかし、今まで信じていた信念が内側から崩壊することが起こるこの移行期は、モヤモヤがいつも以上に湧き出てくるため、ストレスを感じやすくなります。

新しい世界への調整として、体に出てくる眠さ、だるさ、感情の浮上といった体調の悪さが出てくるかもしれません。

モヤモヤが出てきやすい変容期に生きている、そんな自分に、「今日もよく生きたね」とご褒美をあげてくださいね。湧き上がるモヤモヤをそのつど解放して、変容期をともに乗り切っていきましょう。

LET'S TRY

羊水に包まれて安心しよう

お風呂に入りながら、胎児《たいじ》になった自分を無条件で包み込むイメージで自分を抱きしめましょう。羊水に包まれて胎児に還り、ただただ安心して存在している自分を感じてみてください。

もし感情があふれてきたら止めずに、そのまま解放させてあげましょう（お風呂時間が長くなってのぼせないようにお願いします）。

健全なる魂の境界線とは？

「魂を生きる時代」とお伝えしましたが「魂を生きる」というと、確固たる意志で強固に生きるというイメージがあるかもしれません。

しかし本来、魂とは繊細で細《こま》やかな反応をするものなので、素の自分に戻って魂の状態になっていけばいくほど、自分とは異なるエネルギーへの違和感、気持ち悪さが出てきてしまいます。

ですから、**繊細であればあるほど、クリアであればあるほど、健全なる魂の境界線（結界《けっかい》）が必要となってきます。**

神社に行くと、神様が鎮座《ちんざ》している場所には結界が張られていますね。神様も異質なものが入ってこないように結界を張り、自らの領域を確保しています。

本来、魂は、それぞれの個を尊重して「響き合う」のが健全です。それぞれに、「わたしの世界観」があり、そこに干渉、コントロールせずかかわりあっていくことが大切です。

けれど、時として、母親であったり、先生であったり、インフルエンサーであったりなど、影響力がある人と考え方が一緒になってしまうと、自分と相手の考えがかぶってしまい、自分の本当の気持ちがわからなくなってしまいます。

「相手の考え＝自分の考え」というふうに自分と相手が一体化してしまい、そこに依存や執着が生まれ、自分がいなくなってしまうのです。

そうした時は、外側に向いていた意識を内側に向け、「わたしはどうしたいか」「どう生きていきたいか」にフォーカスすることで、魂の境界線が浮き出てきます。

母と子どもに見られる魂の同一化

一人息子を持つシングルマザーのクライアントさんの話です。

彼女は離婚して以来、子どもたちに不憫《ふびん》な思いをさせたくないと、必死で仕事や家庭のことを頑張ってきました。そんな母の思いをわかっている息子は、母の言うことを素直に聞く、世間的にいう「いい子」だったそうです。

高校3年生で進路を決める時期になり、彼女は息子に幸せな人生を送ってほしい一心で進路をアドバイスし、息子も迷ったあげく、母が望む大学に進学しました。

ところが、半年くらいたった頃から、息子は進学先での学びが自分に合わず、家でふさぎこむ日が多くなってきたそうです。

私のセッションをうけていた彼女は、感情解放のやり方を理解していたので、息子との時間を取り、息子に「モヤモヤしていること、不満なこと、なんでもいいから全部吐き出していいからね。私に対する怒りでもなんでも全部聞くからね」と伝えました。

息子はしばらくの間黙っていましたが、ようやく重い口を開き始め、泣きながらこう言ったそうです。

「お母さんの言うことを聞いて、自分も納得したつもりで大学を決めたけど、全然興味が持てないんだ。高校の時の友だちはみんな楽しそうに大学に通っているのを見ると、よけいつらくなって……。自分でどうしたいか考えさせてほしい」

彼女は「私がいろいろ言いすぎちゃって、ごめんね」と謝り、ただただ息子の話に耳を傾けて共感して聞いたそうです。

息子は溜まっていたモヤモヤを吐き出しスッキリしたのか、その翌日、「以前から好きだった料理を本格的に学んでみたい」と話し、自ら興味のある学校に資料請求をしたり、話を聞きに行ったりして、翌年から自分の決めた学校に進学することに。今は料理の専門学校で、楽しく学んでいるそうです。

彼女はこの一件で、子どものためを思って言ったことが、じつはコントロールになっていたことに気づき、子どもに干渉しすぎていた自分を改め、子どもを信じ、子どもに委ねていくことにした、と話してくれました。

LET'S TRY

エネルギーコードをカットするワーク

エネルギーコードとは、エネルギーが不健全な状態で相手とつながってしまっていること。**エネルギーコードがつながっていると、気づかぬうちに執着や依存が生まれてしまいます。**

外側の誰かや何か（母親、先生、子ども、パートナー、インフルエンサーの教え、常識など）に執着、依存してしまっている自分に気づいたら、ぜひこのワークで、魂の境界線を戻しましょう。

①執着を手放したいか、「わたし」の深くに聞いてみます。

②「やっぱり手放したくない！　今のままがいい！」と思ったら、今は保留でオッケー。無理に手放す必要はありません。タイミングがきた時にしましょう。しかし、「やっぱり自立したい。自分の心の声に沿って生きていきたい！」と思うなら、③へ進みましょう。

③執着している相手と自分の間につながっているエネルギーコード（つながっているコードのようなものをイメージ）に、はさみを入れて切り離します（切れたところは光で包まれます）。それぞれが独立した状態で光に包まれ、響き合っているイメージをします（切り離しても互いに何か不具合が起こるわけではありません、執着や依存といった重いエネルギーの手放しになります）。日常の中でエネルギーコードがつながっていない状態を意識して過ごし、必要を感じた時は、繰り返しこのワークをやってみましょう。

CUT
CUT

自分に合わないものはどんどん手放す

魂が自分という素に戻っていけばいくほど、今までの常識や枠組みに対する違和感や、今までなんとなく会っていた友だちに対する違和感などが出てくるかもしれませんが、それは健全な反応です。

第3章では、「〜したくない」という小さな思いから叶えていく「小さな手放し」についてお伝えしましたが、慣れてきたら、自分に合わないと感じたものは、勇気を持って手放していきましょう。

たとえば、いつも一緒にいる仲間だけど、なんとなく違和感があるならば、思い切って距離を置いてみる、なるべく会わないようにすると良いでしょう。一人になる怖さや孤独から、なかなか決断できないこともあるかもしれません。

その時は、ずっとそこに居続ける自分と、そこから離れた時の自分をイメージしてみてください。どちらが自分のエネルギーが拡大するかを感じてみましょう。

もし、そこから離れたほうが自分のエネルギーが拡大する感じがするならば、思い切って手放す選択をしてみましょう。

心に寄り添った選択を、勇気を持ってしてみてください。

人間関係をシフトさせるのは怖さもともないますが、合わない波動の人たちと一緒にいると、体や心に何かしらの反応が出てきてしまいます。

不思議なことですが、本音に沿った選択をすると、相手にとってもパズルのピースがはまるように良いことが起こってきます。

今はいろいろなタイプの人たちが混在している時代ですので、自分と合うタイプの人たちとかかわりあって、心地良さの中で「わたし」を拡大していきましょう。

合わない波動の中で拡大しようとすると苦しいものですが、合う波動の人たちの中で自分を思う存分表現しながら拡大すると、ワクワクがともなってきます。

クリアなわたしを生きる環境づくり

溜めこんできたエネルギーを手放すという意味では、データの整理も大切です。データもエネルギーなので、もう連絡しない人のデータを消したり、SNSで距離を置きたい人のフォローを外したり、使わないアプリを消したりしていきましょう。

手放しができてくると、衝動的に部屋の掃除もしたくなるでしょう。溜めこんで生きてきた自分から、スッキリ新しい自分になるために、どんどんいらないものを整理していきましょう。

不要なものは、部屋から部屋への移動ではなく、家から出すことがポイントです。

「ありがとう」と感謝して、世の中にエネルギーをお返ししていくようなイメージで手放しましょう。

スッキリしたら、花やお気に入りのぬいぐるみ、ワクワクするものを部屋に置いてみてください。安心できる心地いいエネルギーで自分の居場所を満たしましょう。

自分の人生のシフトにより、合わなくなった人や物に対してモヤモヤを感じるようになるので、手放す流れになっていきます。

手放す怖さはありますが、そこを超えることでエネルギーの整理ができ、新しい「わたし」の環境づくり、清々しい「わたし」の復活へとつながっていきます。

つらい「押し出し」が起こる意味

人生において絶対に起きてほしくないショックな出来事、離婚、リストラ、失恋、病気、事故などといったアクシデント。

私はこれを「押し出し」と呼んでいます。

人生の底辺を通過するような、絶望のような、今まで信じてきたものすべてが崩壊するような感覚になったり、今までの生活ができなくなったりなど、急に背中をドンッと押され、今までのパターンを手放さざるをえない状況に追い込まれることは、時に多くの人が経験していることと思います。

これは一見、人生の不運に思えますが、じつは魂が本来の自分に還るための自浄作用であり、「大きな手放し」のきっかけとなるものです。

強く押し出されることによって、「本当の幸せとはなんだろう」「この生き方のままでいいのだろうか」というふうに、意識の矢印が外側から内側に変わらざるをえなくなり、人生の本質に沿った「気づき」が起きてきます。

押し出しは、人生がシフトするサインとして起きます。

押し出しが起きた時は、それを活用して、人生の新しい展開へと向かうことができます。

クライアントさんの中にも、大病をしたことで、これまでの忙しすぎる生き方を改めて家族と向き合うようになり、夫婦や親子関係がとても良くなった方や、勤めていた会社が倒産したことで、趣味のカメラを仕事にしようと一念発起して学び始め、45歳からプロカメラマンとして活躍されている方など、押し出しを活用して、本来の自分に方向転換された方もいます。

押し出しが起きた時、落ち込む自分はダメだと思いがちですが、とことん落ち込んだほうが終息は早まります。感情の立場に立つと、あふれ出ようとする苦しさを止められることのほうが苦しいからです。

絶望感があふれてきたら、ワークとして出し切る、味わい切ること。スッキリしてきたり、出すのに疲れてきたら、気分転換をするサインです。ほっとする時間、楽しい時間を過ごしましょう。そうすることで、緊張をゆるませ、今まで執着していたものを少しずつ手放すことができます。

第4章で、コアペインを解放するとインナーセルフが立ち上がるとお伝えしましたが、それと同じように、押し出しという大きなネガティブ感情の解放は、反転するとパワーあふれるポジティブに変わります。

つまり、人生が変わるほどの可能性に満ちたエネルギーが、押し出しには内包されています。

スピリチュアルとは「学び」ではなく「経験」

さまざまなセッションやカウンセリング、占いなどがありますが、私が大切にしているのは「わたしの自立」です。

ここでは少し「スピリチュアル」という世界の話に触れてみます。というのも、SNSの普及や目に見えない世界への興味、多様性の時代にともない、スピリチュアルの門戸は広くなっているがゆえに、たくさんの情報があふれる業界になっているからです。心と向き合う中で、そうしたより深い世界に自然に導かれる人もいるでしょう。

そこで近年問題となっているのが、「スピリチュアルジプシー」です。

本来スピリチュアル、霊性の世界は、自分の内側に意識を向けることですが、外側に意識が向き、まるでジプシーのように答えを探し求め続けてしまう人が増えています。

スピリチュアルという霊性の世界に足を踏み入れたものの、「○月○日までに○○をしなければならない」「これをすれば人生は好転する」「○○をしないと時代の流れに乗れない」などといった謳い文句に振り回され、翻弄させられてしまうのです。

しかしスピリチュアルを語る上で大切なことは、「内側をしっかりと見る」ことです。これが、すべての土台となります。

スピリチュアル、霊性とは「学び」「情報」ではなく、内側からあふれる感覚が導く世界、「経験」「存在」そのものです。

真の霊性とは、「わたしという存在そのもの」のことです。外側の世界はエッセンスとして受け取り、「わたし」からあふれるものに意識を向けることが大切です。

不動のわたしを生きる

私はセッションを通して、意識の矢印の方向転換をうながします。意識の矢印を「外側」から「内側」へ。

意識のフォーカスを内側に向けることから「真の居場所」が内側に見つかり、深い癒しをともなう、真の「静寂」、安心へとつながっていきます。

内側の声を聞くことは、なかなか難しいかもしれません。それは、しっかりとした声で聞こえるのではなく、「なんとなく」といったファジーな感覚で受け取るからです。

しかし、練習を繰り返していく中で、心の声を受け取る自分なりの方法を見つけていくことができます。

内側の声に耳を傾ける練習を重ねていくと、自ずと現実世界において、日常の選択を内側の声に沿って進めていく形にシフトしていきます。

いつの間にか、いままでの癖《くせ》に戻ってしまうこともありますが、そうなっても大丈夫です。気がついたら、そのつど、軌道修正していけます。

こうして何度でも軌道修正しながら内側の声に耳を傾けていくことで、本来の魂の姿である「不動のわたし＝魂の根幹《こんかん》」から答えを受け取っていく人生へとシフトしていきます。

それはまさに霊性そのものを生きる、ということ。

繊細と不動は相反《あいはん》するように感じますが、じつは、繊細であればこその不動な「わたし」が立ち上がり、真の自立、魂の喜びへと向かっていきます。

「本当の」わたしの喜びを生きる

「ありのまま」「わたしらしさを生きる」という言葉を耳にする機会が多い世の中ですが、その言葉につかみどころのない感覚を持っている人も多いと思います。

エネルギーの世界においての「わたしらしさ」は、まさに「魂感覚」のこと。

魂感覚とは、わたしの「超本音」の感覚です。超本音とは、「本当はどうしたい」という気持ちのこと。

その「本当はどうしたい」という感覚をつかむためには、ハートの復活が手助けをしてくれます。

ハートを感じる回路は、わたしの感情に意識を向ける習慣をつけていくことで少しずつつくられていきます。

本当はどうしたい、本当はどうしたくない、という心の本音とつながることで、私たちは自然と、「魂の目的」へと導かれていくことでしょう。

魂の目的を生きる、心の奥底からあふれる静かな喜びが、そこにはあります。

わたしは満ちている、今までも、これからも

今までの時代は、わたしを差し置いた状態の犠牲的な生き方が求められてきたように思います。

しかし、ここからの時代は、わたしの内側が満たされること、そこをまず整えることが大切になってきます。不足感から何かを選択するのではなく、ハートが安心した中で、わたしの心地良さを選択していきます。

ハートをほぐしていくと、ふとした時に、目の前の景色が愛で立ち上がったように見える、そんな日常が訪れる瞬間があるかもしれません。

不足感からの選択はともすると終わりがありませんが、心地良さを主軸として

選択したものは、遠い先のゴールではなく、「いま、ここ」にハートが満ちた感覚になります。本当は足りなさはなく、私たちの生命は満ちています。

私たちはどんなにこの人生で傷ついたと思っていても、魂は傷ついていません。

安心してあなたを生きて大丈夫です。

あなたの魂は輝いています。

また、人は幸せを感じた時、その幸せを失う怖さから、瞬間的に、それをなかったことにしてしまうことがあります。

しかし、本来は幸せも不幸せもひとつの中にあります。

わたしが満ちた瞬間を怖がらないで、どうか、その瞬間の幸せを響かせてください。

あなたのハートはゆっくりとほぐされ、幸せへの感度は高まっていきます。

「魂の出産、その姿に感じる生命の神秘」

ありとあらゆる感情を解放した8年間の体験から、私はこの本で紹介したオリジナルの「感情解放メソッド」をつくり、多くの人たちの感情解放のお手伝いをしてきました。

私はそれを「魂の出産」と呼んでいます。感情の解放作業、そのプロセスはまるで、生命の出産にも似たようなものだからです。

大きな傷の痛み、その感情解放において、まるで助産師のようにサポートをしながらその場面を目の当たりにするのですが、その時、どうしても涙が出てきてしまいます。

それは、吐き出しや解放のプロセスが苦しそうに見えるからではなく、一番嫌いだった自分の感情を受け入れ、解放しようとしている姿が何よりも美しく感じられるからです。まさに、大人になったわたしが新しい自分を生み出す、そんな光景に見えます。

ガイド役なので極力涙は隠しますが、ついついその美しい光景に涙が出てきてしまうのです。いろんな重い波動をつけて生きてきた中で、ようやく魂が裸になる。すべての痛みを受け入れ、解放するその姿は、生命としての力強さと美しさ、そして、神秘を感じます。

時に「泣き虫メンター」と茶化されることがありますが、こうした美しさに泣けなくなったら自分はおしまいだな、とも感じています。

一人ひとりの魂の響きを大切にしていきたい、と思っています。


魂の出産は美しく、とても神聖なものだと感じています。

内なる愛という振動が生まれるとしたら、わたしからわたしへの愛は、ここから生まれるのだと思います。

番外編

おうちカウンセラーになって、感情解放をサポートしてみよう

この本では、自分で自分の感情を解放する方法についてお伝えしてきましたが、自分が感情を吐き出せるようになると、家族や友だち、パートナーなど、身近な人が感情に呑み込まれて苦しんでいる時に、それを助けるサポート役をすることもできるようになります。

ここでは、その方法とポイントについてお伝えしますので、感情を解放してあげたい人がいたら、試してみてください。

注：解放とはエネルギーの引き算ですが、自分の調子が悪いと、つい解決へと焦ってしまい、アドバイス、注意、励ましなどで、エネルギーを足してしまいがち。傾聴が基本となるため、サポートは自分に余裕があり、相手に寄り添える状態の時にしましょう。

1 相手も自分もゆっくりできそうな時に、「よかったら、モヤモヤを言葉にしてみる？」と伝え、相手がそうしてほしいと言ったら、感情解放のサポートをします。気が乗らないのに、無理やりさせることはNGです（タイミングを気長に待ちましょう。気持ちに耳を傾ける姿勢があることが伝わるだけでも違います）。

2 リラックスした雰囲気をつくり、「どんなことでもいいから、モヤモヤすることを、言葉にして大丈夫だからね」と声がけをしましょう。
沈黙が続いたとしても、沈黙も何かしらのメッセージを語っているので、じっくりと焦らず、相手の流れを信じて、声なき声に耳を傾けます。

3 相手がネガティブな感情を出し始めたら、寄り添いの気持ちを響かせます。相手が遠慮している様子なら、「なんでも言葉にして伝えていいよ」と、気兼ねなく吐き出せるように声がけをします。せかさず、相手のペースにゆだねましょう。

助けたい思いで解決を急ぎたくなり、つい正論を言ったりアドバイスをしたりしたくなりますが、この解放ワークは「解決」ではなく「解放」が目的です。正論やアドバイスは、相手の解放を止めてしまうので我慢しましょう。

応援したり、励ましたりするタイミングは、本人の気持ちが上向きになり始めたり、「やってみたい」という気持ちがあふれ始めた時に。アドバイスは、相手が求めた時のみにしましょう。土台は、共感と寄り添いの気持ちです。

自分の気持ちを話しても否定されないこと、共感してもらえることが、一番の癒し、解放のうながしとなります。

解放を止めてしまう言葉

相手が感情を解放できなくなってしまう言葉をあげました。よかれと思ってかけた言葉も、相手にとっては本音を話せなくなる原因になってしまうので、気をつけましょう。

「そんなんじゃダメだよ」「もっと元気出して」
「私の場合はね（自分の話に持っていく）」「こうしたほうがいいよ」
「普通はこうだよ」「もっと苦しい人もいるよ」「時間が解決するよ」
「そんなこと気にしないで」など。

共感と寄り添いの気持ちを土台に、あなたの大切な人の感情解放をサポートしていきましょう。

そして解放のサポートをした自分にもご褒美をあげて労《ねぎら》い、自分を大切にケアしていきましょう。

おわりに

ここまでお読みいただき、本当にありがとうございます。

本書を読み進める中で気づかれた方も多かったと思いますが、「目に見える世界」と「目に見えない世界」、その両方が境界なく混じり合った世界観で、心の世界を伝えさせていただきました。

心には境界線はなく、深くは魂の世界、私たちの根源の世界とつながっています。そのさらに深くは、愛に満ちた全体性の世界が存在しています。

本書はたった今苦しさの中にある人にとっては、情報量の多さを感じたかもしれません。ご自身の調子によって、ペラペラとページをめくって気になるページだけを読んだり、ワークをしてみたりと、気が向く方法で活用してください。

人生のその時々によって、本書から受け取るメッセージも変わってくるかもしれません。ゆっくりと時間をかけて、皆さまの人生における「ともだち」として手に取っていただけましたら何よりです。

また、本書ではセルフワークをお伝えしましたが、感情の浮上はたった一人で取り組める時と、他の誰かの助けが必要な時があります。苦しいな、と感じた時は、信頼できる人や専門家に助けを求めてください。

私も、そうして乗り切ってきた時期を越えての今があります。助けを求める勇気も、立派なあなたの力です。大丈夫ですからね。

この本をきっかけに、心のモヤモヤと手をつなぎ、わたしにとっての「本当の幸せ」に向かって、人生が動き出していくこと、「わたしの人生をわたしへ取り戻していく」ことにつながっていったら幸いです。

本書を制作するにあたり、無名であった私の活動の本質を見出してくれて、不動の精神で信じ続けてくれた河出書房新社の飯島恭子さん、そして、本書の内容である「魂の出産」をご自身を通して経験し、腑に落とした形でともに生み出してくださったチア・アップのＲＩＫＡさんには、心から深く感謝いたします。

本書の主軸として、人間における光と闇、そのお話をしてきましたが、そうした全体性の世界を内包しているのが、「日本人」ではないかと思います。陽だけではなく、しっかりと陰を響かせた「陰陽の和合」、その世界観を持っているように感じます。

最後に、私の好きな「さくらの木」とともに、しめくくりたいと思います。

繊細なる美しさを放ちながらも、不動の存在であるさくら。さくらは、春の満開の時期を越えると花を散らして、葉桜となり、その存在すらどこにあるのかわからないぐらいに、他の樹々と混じり合います。そして、冬には葉を散らし、春の装いからは考えられない姿になります。

ともすると、その姿にさみしさや憂《うれ》いを感じるかもしれません。

しかし、さくらの木は、冬の間、深く、深く、命の根を伸ばしています。

そして、春、精一杯の花を咲かせます。

そうした力強さとはかなさをあわせもったさくらの姿に、神秘的な美しさ、魅力を感じる人も多いでしょう。


今苦しみの中にいたとしても、必ず春はやってきます。

あなたなりの花を咲かせることができます。

わたしは、わたしを見捨てない。

わたしは、わたしを見捨てない。

今までも、これからも。

あなたは、大丈夫。


心理カウンセラー・エネルギーワーカー　RYU

RYU｜リュウ

心理カウンセラー、エネルギーワーカー。テレビ報道カメラマンを経て、ドキュメンタリー映像作家になる。その後、パニック症を発症し、すべての仕事を辞め自身の心と向き合う中、目に見える世界だけでは説明がつかない深く広大な世界が人間の内側にあることを知り、魂の旅、その探求が始まる。８年間の絶望期に、約5000にのぼる集合意識の闇の浄化解放を行い、「魂の生まれる瞬間」という不思議なビジョンを通過する。その中で生まれた、感情解放メソッドによるセッションで、絶望の中にいる人たちの人生を救うかけこみ寺的な存在として活動。5500人以上のセッション、ヒーリングを行い、学生、主婦、会社員、医師、経営者など、幅広い層の人たちを解放に導き、生きづらさの解消をサポートしている。

公式ホームページ　https://ryushingon.com
リットリンク　https://lit.link/ryusampo

人生が自然と輝きはじめる「ネガティブ」の手放し方
心のモヤモヤを動かせば、クリアな自分が立ち上がる

2023年９月20日　初版印刷
2023年９月30日　初版発行

著　者　RYU
発行者　小野寺優
発行所　株式会社河出書房新社
〒151-0051 東京都渋谷区千駄ヶ谷２-32-２
電話 03-3404-1201［営業］ 03-3404-8611［編集］
https://www.kawade.co.jp/

ブックデザイン　白畠かおり
カバーイラスト　福田利之
本文イラスト　田中麻里子
企画・編集　RIKA（チア・アップ）

組版　中尾淳（ユノ工房）
印刷・製本　株式会社暁印刷

Printed in Japan
ISBN978-4-309-29338-7